「中國歷代繪刻本名著新編」編輯委員會

選題總策劃／周殿富

主　　編／張立華　武　學　張亞力

責任編輯／武　學　張　原

文字統籌／張　原　樂　琳　王曉彬

責任校對／宋　春　侯娟雅　王　斌

裝幀設計／張亞力　賀鵬翡　程　慧

技術編輯／侯思宇　王艾迪　段文輝

　　　　　趙芝英　程佳媛　趙洪岩

市場營銷／譚詩利　趙秀彥　楊藏藝

責任印制／劉　銀　范玉潔　熊環賓

中國歷代繪刻本名著新編

孔子三語集 【全四冊】

第一冊　孔子論語

第二冊　唐石刻論語

第三冊　孔子家語

第四冊　孔子集語

北京時代華文書局整理輯刊

中國歷代繪刻本名著新編

唐石刻論語

民國十五年掖縣張氏�峾忍堂本

文圖版【孔子三語集】

張立華　點校

北京時代華文書局整理輯刊

安徽人民出版社

總　序

中國繪刻本圖籍上溯至唐宋拙樸的肇始，歷元明清初的宏大中發，延續到晚清民國精緻與粗劣的二元濫觴，各種綫描圖樣、彩繪冊頁、圖籍畫譜千姿百態，版本浩如煙海。尤其是明清兩代宮廷專門延請了一批御用畫師與刻工，并欽命制作許多刻繪本圖籍，它無疑對刻繪本圖書臻達更高水平是一種推助。但可惜的是，歷經天災人禍，戰亂事變，西方列强的盜掠，許多優秀版本流失損毀頗多。而存世的版本或束藏于各大博物館、圖書館，或鎖閉于幽幽藏家之手，尋常讀者難得一見。或有今人整理出版，大多精裝細裹索價不菲，一般讀者難以問津。至今仍使「文人畫」、「文人書」封禁在文人圈、官商場中，這無疑是一種對文化特權的維護。因而，如何讓那些古典繪刻本圖籍進入民間，以廉價、簡裝的出版形式，讓大衆讀者買得到、買得起、讀得懂，讓古典繪刻本圖籍在新生代讀者手中傳承延續、發揚光大，就成爲了出版界的一個重要課題。

北京時代華文書局創社伊始即展開了這個專項的編輯出版工作。編輯們追尋購買國内外圖籍版本踪跡，致力資料搜求鈎沉累積，策劃、創意、精選、新編出版了這套以《中國歷代繪刻本名著新編》爲題的普及本文圖版叢書。

這套叢書在版本收録選擇上涵蓋了歷史上多種類的繪本、刻本、軸卷及典籍中的極品、精品；

在體例上合縱連横、取捨有緒、融匯貫通地闡述表現一個主題；在編排上以圖爲主，導入典籍文獻、

補述內容、新編增撰文字，間有簡體字譯注、補白，以便于識讀；在整理制作上著意凸顯原作原

版圖像之美、書法之美、畫工刻工印工之美，保有傳統圖書的墨香、紙香、書卷之氣。而不拘泥

于原版局限，重在讓讀者看得懂，買得起。這是本套叢書的出版宗旨。而本套叢書的可貴之處還

在于它並不是簡單的影印、複制，而在于整理新編適于大衆閱讀上，而且還有諸多版本是一種文

字與名畫的組合新編，具有市場品種唯一性的價值。這是本套叢書與任何一種已經面世的影印版

不同的主要特徵。《中國歷代繪刻本名著新編》是一套順應時尚閱讀潮流、因繁就簡、平裝價廉、

便于賞讀的嶄新古典繪刻本圖籍讀本。第一批選題近四十册，以後將陸續推出。誠望它的問世，

能爲廣大讀者的精神文化生活增添一道精美而清新的膾炙之餐。 是爲序。

張亞力 壬辰年冬月于北京謹識

《孔子三語集》點校前言

中國儒家創始人孔子，一生「述而不作」，故而這位偉大思想家、教育家的重要思想言行，都是由其弟子記錄整理並由後代學者編纂在《論語》、《集語》、《家語》等典籍中。西漢劉歆《六藝略》云：「《論語》者，孔子應答弟子時人及弟子相與言而接聞於夫子之語也。當時弟子各有所記，夫子既卒，門人相與輯而論纂，故謂之《論語》。」《論語》成書於戰國初期。因秦始皇焚書坑儒，到西漢時期僅有魯人口頭傳授的魯《論語》二十篇，以及從孔子舊宅夾壁中發現的古《論語》二十一篇。西漢末年，著名經學家張禹根據魯《論語》，參照齊《論語》，另成《張侯論》，成為當時的權威讀本，齊《論語》和古《論語》不久便亡佚。

對於《論語》書名的含義，宋邢昺解釋說：「鄭玄云：『……論者，綸也，輪也，理也，次也，撰也。』以此書可以經綸世務，故曰綸也；圓轉無窮，故曰輪也；蘊含萬理，故曰理也；篇章有序，故曰次也；群賢集定，故曰撰也。鄭玄《周禮》注云：『答述曰語。』以此書所載皆仲尼應答弟子及時人之辭，故曰語。」（《論語注疏解經序》）

《論語》現存二十篇，四百九十二章，其中記錄孔子與弟子及時人談論之語約四百四十四章，記孔門弟子相互談論之語四十八章。孔子是《論語》描述的中心，正如南朝梁劉勰在《文心雕龍·徵聖》所言：「夫子風采，溢于格言。」注解《論語》始於漢朝，但基本上都已亡佚，今所存最早且最有影響的是三國魏何晏的《論語集解》。

除了《論語》之外，還有一部記錄孔子言行的著作，這就是《孔子家語》。本書最早著錄於《漢書·藝文志》，只說「二十七卷」，沒有其他信息。唐顏師古注《漢書》加了一句「非今所有《家語》」，所謂「今所有《家語》」，指的是三國魏王肅注釋的十卷本《孔子家語》。王肅在自序中認為，東漢鄭玄注經「義理不安，違錯者多」，使得「聖人之門，方壅不通，孔氏之路，枳棘充焉」。於是，「奪而易之」，「開而辟之」，為《孔子家語》做注。並說該書是孔子二十二世孫孔猛家藏的先人之書。

王肅注的這部《孔子家語》又名《孔氏家語》，簡稱《家語》。今傳本共十卷四十四篇，除了有王肅注之外，書後還附有王肅序和《後序》。《後序》分為兩部分，前半部分內容以孔安國語氣所寫，一般稱之為「孔安國序」，後半部分內容為孔安國以後的人所寫，故稱之為「後孔安國序」，其中收有孔安國的孫子孔衍關於《孔子家語》的《奏言》。

宋代王柏著《家語考》，質疑《孔子家語》的真實性。清代姚際恒（《古今偽書考》）、范家相（《家語證偽》）、孫志祖（《家語疏證》）等也認為《孔子家語》是偽書。紀曉嵐在《四庫全書總目》中說：「反復考證，其出於肅手無疑。特其流傳已久，且遺文軼事，往往多見於其中，故自唐以來，知其偽而不能廢也。」但宋代理學家朱熹卻不以為然，清陳士珂和錢馥的《孔子家語疏證》序跋、黃震《黃氏日鈔》等也不認為《孔子家語》是偽書。

一九七三年，河北定縣八角廊西漢墓出土的竹簡《儒家者言》，內容與今本《家語》相近。

一九七七年，安徽阜陽雙古堆西漢墓也出土了篇題與《儒家者言》相應的簡牘，內容同樣和《家語》有關。

《孔子家語》偽書之說，不攻自破。

除了《論語》和《孔子家語》之外，還有兩種孔子言行事蹟彙編的《孔子集語》：一是宋朝薛據輯的兩卷本，二是清朝孫星衍輯的十七卷本，後者不但從文字數量上超出前者六七倍，而且從編輯品質上也大大超過前者。

孔子語彙

孔子三語集

孫星衍，字伯淵，一字淵如，是清朝著名的考據學家、金石學家、訓詁學家。孫星衍對薛氏輯本很不滿意，於是在晚年引疾歸田後，與其族弟星海、侄婿龔慶一起檢閱群籍，從《易經》的《十翼》、《禮記》的《小戴記》、《春秋左氏傳》、《孝經》、《論語》、《孟子》、《孔叢子》、《史記·孔子世家》、《史記·仲尼弟子列傳》以外的八十三種典籍中，采輯了八百一十三條孔子言行記錄，並仿照《說苑》的體裁按類編排，共分十四篇十七卷，前十篇反映孔子的基本思想，後四篇多屬於孔子的生平事蹟和寓言故事。初稿纂成之後，又請著名學者嚴可均進行審校，前後歷時六年成書。

孫氏輯本不僅重視材料的收集，還注明每一條材料的出處，並把內容相同或相近的材料排列在一起，而且對疑誤之處加上校勘按語，具有很高的學術價值。

我們這次編纂《中國歷代繪刻本名著新編》，將《論語》、《孔子家語》與孫星衍的《孔子集語》合編為《孔子三語》，並配以唐閻立本繪的《孔子弟子畫像》，以饗讀者。

《論語》選用日本南朝後村上天皇正平甲辰本《論語集解》與唐代石刻《論語》。正平甲辰為中國元順帝至正二十四年（一三六四年），該本是根據隋唐舊鈔刻印的，字句與今本差異甚夥，但往

往合于唐陸德明的《經典釋文》，「字畫亦奇古」，因而具有極為重要的版本價值。另附有清阮元

校刻本《論語》簡體標點原文，以便進行比較閱讀研究。

唐代石刻《論語》為唐石刻十二經之一。唐初詔命經學大師賈公彥、孔穎達訂正經籍，著名書法家、

文字學家、「筆虎」李陽冰提議鐫刻大唐石經。他在《上李大夫論古篆書》中說：「常痛孔壁遺文，

汲塚舊簡，年代浸遠，謬誤滋多。」「魚魯一惑，涇渭同流，學者相承，靡所遷復。每一念至，未

嘗不廢食雪泣，攬筆長歎焉。」「誠願刻石作篆，備書六經，立於明堂，為不刊之典，號曰大唐石經。

使百代之後，無所損益。」李陽冰的建議雖然當時並沒有被採納，但唐之建言立石經者以此為朔。

大曆十年（七七五年），詔儒官校定經本，送尚書省。翌年，國子司業張參詳定五經，書於長安

務本坊國子監講論堂東西廂之壁。大和七年（八三三年）二月，御史大夫鄭覃（後任宰相）上奏：「請

召宿儒奧學，校定六籍。準後漢故事，勒石於太學，永代作則，以正其闕。」鄭覃長於經學，稽古守正，

且頗受唐文宗賞識。文宗遂敕唐玄度覆定九經字體，多以張參五經文字為準。十二月，有詔刻石經

於講論堂兩廊，至開成二年（八三七年）完成，以拓本及石經圖一軸呈進。計有：《周易》九卷、《尚

書》十二卷、《毛詩》二十卷、《周禮》十二卷、《儀禮》十七卷、《禮記》二十卷、《春秋左傳》三十卷、《公羊傳》十一卷、《穀梁傳》十二卷、《孝經》一卷、《論語》十卷，凡二百二十七石，六十五萬二百五十二字，每石兩面鐫刻。後世所稱「十三經」，只缺《孟子》。諸經皆白文無注，每卷卷題次行書某某注者，以明所據之本。其中《論語》十卷，用三國魏何晏集解本。

唐代石經，不僅是現存最早、最完整的儒學經典石刻，是「古本之終，今本之祖」，而且具有很高的書法藝術價值。石經的書寫鐫刻者艾居晦、陳玠、段絳、章師道、楊敬之等均為當時著名的書法鐫刻家，字體參用歐陽詢、虞世南、褚遂良和薛稷的楷書筆法，唯各卷題首及各經後的字數一行為隸書。

因為經書文字校勘的緣故，唐石經在大和、開成年間，就有隨刻隨改的情況。乾符三年（八七六年），張參的後人自牧又磨修補刻了一些文字。嘉靖三十四年（一五五五年）地震，經石撲損。萬曆十六年（一五八八年），西安府學官葉時榮、生員王堯典等，案舊文集其缺字，別刻小石立於碑旁。一些拓本的裝裱者就直接把小石補刻的文字嵌入正本的闕文中。後人不察，誤從裝裱本以補字之紕繆，反倒滋生了不少訛誤。

五代後唐長興三年（九三二年）二月，中書門下奏請依據唐代石經文字刻《九經》印板。敕令國子監集博士儒徒，將唐代石經本，「各以所業本經，廣為鈔寫，子細看讀。然後顧召能雕字匠人，各部隨帙刻印，廣頒天下。」歷經宋、元、明，各種刻本層出不窮，轉刻轉誤。清代校勘家嚴可均，根據新拓本之未裝冊者撰成《唐石經校文》十卷，對唐石經摹刻本中的磨改、殘損、訛誤、奪衍等做了認真的考訂。民國十五年（一九二六年），山東掖縣張氏（宗昌）皕忍堂依據唐石拓本影摹刻板印刷《景刊唐開成石經》，包括十二經、五經文字、九經字樣和嚴氏《唐石經校文》等共十四函七十四冊，成為唐代石經最權威的摹刻本。今據此版影印其中的《論語》。為了便於閱讀，在每頁之下附上簡體標點釋文，書中的避諱字和明顯的訛誤字，全部改為通用正字。

《孔子家語》選用明萬曆年間吳嘉謨集校的《孔子家語圖》本，「圖按聖跡之遺，文仍王本之舊」，「庶同志者統觀家語，可以窺聖經之全，而首按其圖，又可以窺聖人之跡」。書前有吳嘉謨的自序和常熟王鏊的題辭，書後有楊士經的跋。孫星衍的《孔子集語》用清嘉慶二十年冶城山館本，此為該書首刊本，因係孫星衍組織編撰刻印，故通稱「陽湖孫氏本」，又因收入《平津館叢書》，亦稱「平津館原本」。每頁都有簡體標點原文，以便閱讀。

郁達夫先生說：「沒有偉大的人物出現的民族，是世界上最可憐的生物之群；有了偉大的人物，而不知擁護、愛戴、崇仰的國家，是沒有希望的奴隸之邦。」孔子是中華民族最偉大的人物，正是因為有了偉大的孔子，我們纔脫離了「最可憐的生物之群」，我們這個民族纔稱得上偉大的民族！正是因為我們擁戴、崇仰孔子，我們這個國家纔脫離了「沒有希望的奴隸之邦」！

孔子的思想智慧是全人類最寶貴的精神財富。西班牙思想家葛拉西安說：「他人的機智語言，他人的非凡事蹟，任何有才之人借鑒，都能播下敏銳的種子。悟力使這些種子萌芽，繁滋而為豐富的花蕾，終而結實為機智的收成。」印度大詩人、諾貝爾文學獎得主泰戈爾說：「教育的最大目的是『叩擊心靈』。」孔子的言行幾乎盡在《孔子三語》中，「仰之彌高，鑽之彌堅」，他那機智語言，他那非凡事蹟，將叩擊每一位中國人的心靈。孔子的思想將在每一位中國人的腦海中播下敏銳的種子，繁滋為豐富的花蕾，結實為機智的收成！

張立華　壬辰初冬記于北京後沙峪居廣居

唐石刻論語　目録

論語

孔子弟子畫像【唐·閻立本繪】

杏壇遺範

畫孔子弟子像卷

唐·閻立本

閻立本繪孔門弟子畫像 圖一

閻立本繪孔門弟子畫像　圖二

閻立本繪孔門弟子畫像　圖三

似公孫龍

閻立本繪孔門弟子畫像　圖四

閻立本繪孔門弟子畫像　圖五

閻立本繪孔門弟子畫像　圖六

閻立本繪孔門弟子畫像　圖七

閻立本繪孔門弟子畫像　圖八

閻立本繪孔門弟子畫像　圖九

似子路

閻立本繪孔門弟子畫像 圖十

閣立本繪孔門弟子畫像　圖十一

閻立本繪孔門弟子畫像　圖十二

閻立本繪孔門弟子畫像 圖十三

閻立本繪孔門弟子畫像　圖十四

閻立本繪孔門弟子畫像 圖十五

閻立本繪孔門弟子畫像　圖十六

閻立本繪孔門弟子畫像　圖十七

閻立本繪孔門弟子畫像　圖十八

閻立本繪孔門弟子畫像　圖十九

閻立本繪孔門弟子畫像　圖二十

閻立本繪孔門弟子畫像　圖二十一

閻立本繪孔門弟子畫像　圖二十二

閻立本繪孔門弟子畫像　圖二十三

閻立本繪孔門弟子畫像　圖二十四

閻立本繪孔門弟子畫像　圖二十五

閻立本繪孔門弟子畫像 圖二十六

閻立本繪孔門弟子畫像　圖二十七

閻立本繪孔門弟子畫像　圖二十八

閻立本繪孔門弟子畫像 圖二十九

閻立本繪孔門弟子畫像　圖三十

閻立本繪孔門弟子畫像　圖三十一

閻立本繪孔門弟子畫像　圖三十二

閻立本繪孔門弟子畫像　圖三十三

閻立本繪孔門弟子畫像　圖三十四

閻立本繪孔門弟子畫像　圖三十五

閻立本繪孔門弟子畫像　圖三十六

閻立本繪孔門弟子畫像　圖三十七

閻立本繪孔門弟子畫像　圖三十八

閻立本繪孔門弟子畫像　圖三十九

閻立本繪孔門弟子畫像　圖四十

閻立本繪孔門弟子畫像　圖四十一

閻立本繪孔門弟子畫像　圖四十二

閻立本繪孔門弟子畫像　圖四十三

閻立本繪孔門弟子畫像　圖四十四

閻立本繪孔門弟子畫像　圖四十五

閻立本繪孔門弟子畫像　圖四十六

閻立本繪孔門弟子畫像　圖四十七

閻立本繪孔門弟子畫像　圖四十八

閻立本繪孔門弟子畫像　圖四十九

閻立本繪孔門弟子畫像　圖五十

唐石刻論語

景物善開

成石經

論語序

敍曰漢中壘校尉劉向言魯論語廿篇皆孔子弟子記諸善言也太子大傅夏侯勝前將軍蕭望之丞相韋賢及子玄成等傳之齊論語廿二篇其廿篇中章句頗多於魯論琅邪王卿

及膠東庸生昌邑中尉王
吉皆以教授故有魯論有
齊論魯共王時嘗欲以孔
子宅爲宮壞得古文論語
齊論有問王知道多於魯
論二篇古論亦無此二篇
分堯曰下章子張問以爲
一篇有兩子張凡二十一篇
篇次不與齊魯論同安昌

【标点释文】
及胶东庸生、昌邑中尉王吉皆以教授。故有鲁《论》，有齐《论》。鲁共王时，尝欲以孔子宅为宫，坏得古文《论语》。齐《论》有《问王》、《知道》，多于鲁《论》二篇，古《论》亦无此二篇。分《尧曰》下章"子张问"以为一篇，有两《子张》，凡二十一篇，篇次不与齐、鲁《论》同。安昌

侯張禹本受魯論兼講齊
說善者從之號曰張侯論
爲世所貴包氏周氏章句
出焉古論唯博士孔安國
爲之訓解而世不傳至順
帝時南郡大守馬融亦爲
之訓說漢末大司農鄭玄
就魯論篇章考之齊古爲
之註近故司空陳羣大常

【标点释文】

侯张禹，本受鲁《论》，兼讲《齐》说，善者从之，号曰"张侯《论》"，为世所贵。苞（当做"包"）氏、周氏《章句》出焉。古《论》唯博士孔安国为之训解而世不传。至顺帝时，南郡太守马融亦为之训说。汉末太司农郑玄，就鲁《论》篇章考之《齐》、《古》，为之注。近故司空陈群、太常

王肅博士周生烈皆為義
說前世傳受師說雖有異
同不為訓解中間為之訓
解至於今多矣所見不同
互有得失今集諸家之善
記其姓名有不安者頗為
改易名曰論語集解光祿
大夫關內侯臣孫邕光祿
大夫臣鄭沖散騎常侍中

【标点释文】

王肃、博士周生烈皆为义说。前世传受师说，虽有异同，不为训解。中间为之训解，至于今多矣。所见不同，互有得失。今集诸家之善说，记其姓名，有不安者颇为改易，名曰《论语集解》。光禄大夫关内侯臣孙邕、光禄大夫臣郑冲、散骑常侍中

領軍安鄉亭矦臣曹羲侍
中臣荀顗尚書駙馬都尉
關内矦臣何晏等上

【标点释文】

领军安乡亭侯臣曹羲、侍中臣荀顗、尚书驸马都尉关内侯臣何晏等
上。

論語卷第一

學而第一　何晏集解

子曰學而時習之不亦說

乎有朋自遠方來不亦樂

乎人不知而不慍不亦君

子乎有子曰其爲人也孝

弟而好犯上者鮮矣不好

【标点释文】

学而第一　何晏集解

子曰："学而时习之，不亦说乎？有朋自远方来，不亦乐乎？人不知，而不愠，不亦君子乎？"有子曰："其为人也孝弟，而好犯上者，鲜矣；不好

犯上而好作亂者未之有

也君子務本本立而道生

孝弟也者其爲仁之本與

子曰巧言令色鮮矣仁曾

子曰吾日三省吾身爲人

謀而不忠乎與朋友交而

不信乎傳不習乎子曰道

千乘之國敬事而信節用

而愛人使民以時子曰弟

【标点释文】

犯上，而好作乱者，未之有也。君子务本，本立而道生。孝弟也者，
其为仁之本与！"子曰："巧言令色，鲜矣仁！"曾子曰："吾日
三省吾身：为人谋而不忠乎？与朋友交而不信乎？传不习乎？"子
曰："道千乘之国，敬事而信，节用而爱人，使民以时。"子曰："弟

子入則孝出則弟謹而信
汎愛眾而親仁行有餘力
則以學文子夏曰賢賢易
色事父母能竭其力事君
能致其身與朋友交言而
有信雖曰未學吾必謂之
學矣子曰君子不重則不
威學則不固主忠信無友
不如己者過則勿憚改曾

【标点释文】

子入则孝，出则弟，谨而信，泛爱众，而亲仁。行有余力，则以学文。”
子夏曰："贤贤易色；事父母，能竭其力，事君，能致其身；与朋友交，
言而有信。虽曰未学，吾必谓之学矣。"子曰："君子不重，则不威。
学则不固。主忠信。无友不如己者。过则勿惮改。"曾

子曰慎終追遠民德歸厚
矣子禽問於子貢曰夫子
至於是邦也必聞其政求
之與抑與之與子貢曰夫
子溫良恭儉讓以得之夫
子之求之也其諸異乎人
之求之與子曰父在觀其
志父沒觀其行三年無改
於父之道可謂孝矣有子

曰禮之用和爲貴先王之
道斯爲美小大由之有所
不行知和而和不以禮節
之亦不可行也有子曰信
近於義言可復也恭近於
禮遠恥辱也因不失其親
亦可宗也子曰君子食無
求飽居無求安敏於事而
慎於言就有道而正焉可

【标点释文】

曰："礼之用，和为贵。先王之道斯为美，小大由之。有所不行，知和而和，不以礼节之，亦不可行也。"有子曰："信近于义，言可复也。恭近于礼，远耻辱也。因不失其亲，亦可宗也。"子曰："君子食无求饱，居无求安，敏于事而慎于言，就有道而正焉，可

謂好學也已子貢曰貧而
無諂富而無驕何如子曰
可也未若貧而樂富而好
禮者也子貢曰詩云如切
如磋如琢如磨其斯之謂
與子曰賜也始可以言詩
已矣告諸往而知來者子
曰不患人之不己知患不
知人也

【标点释文】

谓好学也已。"

子贡曰："贫而无谄，富而无骄，何如？"子曰："可也。未若贫而乐道，富而好礼者也。"子贡曰："《诗》云'如切如磋，如琢如磨'，其斯之谓与？"子曰："赐也，始可与言《诗》已矣。告诸往而知来者。"子曰："不患人之不己知，患不知人也。"

為政第二　何晏集解

子曰爲政以德辟如北辰居其所而衆星共之子曰詩三百一言以蔽之曰思無邪子曰道之以政齊之以刑民免而無恥道之以德齊之以禮有恥且格子曰吾十有五而志于學卅而立四十而不惑五十而

【标点释文】

为政第二　何晏集解

子曰："为政以德，譬如北辰，居其所而众星共之。"子曰："《诗》三百，一言以蔽之，曰：'思无邪。'"子曰："道之以政，齐之以刑，民免而无耻。道之以德，齐之以礼，有耻且格。"子曰："吾十有五而志于学，三十而立，四十而不惑，五十而

知天命六十而耳順七十
而從心所欲不踰矩孟懿
子問孝子曰無違樊遲御
子告之曰孟孫問孝於我
我對曰無違樊遲曰何謂
也子曰生事之以禮死葬
之以禮祭之以禮孟武伯
問孝子曰父母唯其疾之
憂子游問孝子曰今之孝

【标点释文】

知天命，六十而耳顺，七十而从心所欲，不逾矩。"孟懿子问孝。子曰：

"无违。"樊迟御。子告之曰："孟孙问孝于我，我对曰，无违。"

樊迟曰："何谓也？"子曰："生，事之以礼；死，葬之以礼，祭

之以礼。"孟武伯问孝。子曰："父母唯其疾之忧。"子游问孝。

子曰："今之孝

者是謂能養至於犬馬皆
能有養不敬何以別乎子
夏問孝子曰色難有事弟
子服其勞有酒食先生饌
曾是以爲孝乎子曰吾與
回言終日不違如愚退而
省其私亦足以發回也不
愚子曰視其所以觀其所
由察其所安人焉廋哉人

【标点释文】

者，是谓能养。至于犬马，皆能有养。不敬，何以别乎？"子夏问孝。子曰："色难。有事，弟子服其劳；有酒食，先生馔，曾是以为孝乎？"子曰："吾与回言终日，不违，如愚。退而省其私，亦足以发，回也，不愚。"子曰："视其所以，观其所由，察其所安，人焉廋哉？人

焉廋哉子曰温故而知新
可以爲師矣子曰君子不
器子貢問君子子曰先行
其言而後從之子曰君子
周而不比小人比而不周
子曰學而不思則罔思而
不學則殆子曰攻乎異端
斯害也已子曰由誨女知
之乎知之爲知之不知爲

【标点释文】

焉廋哉？"子曰："温故而知新，可以为师矣。"子曰："君子不器。"子贡问君子。子曰："先行其言，而后从之。"子曰："君子周而不比，小人比而不周。"子曰："学而不思则罔，思而不学则殆。"子曰："攻乎异端，斯害也已。"子曰："由，诲女知之乎？知之为知之，不知为

不知是知也子張學干祿
子曰多聞闕疑慎言其餘
則寡尤多見闕殆慎行其
餘則寡悔言寡尤行寡悔
祿在其中矣哀公問曰何
爲則民服孔子對曰舉直
錯諸枉則民服舉枉錯諸
直則民不服季康子問使
民敬忠以勸如之何子曰

【标点释文】

不知，是知也！"子张学干禄。子曰："多闻阙疑，慎言其余，则寡尤；多见阙殆，慎行其余，则寡悔。言寡尤，行寡悔，禄在其中矣。"哀公问曰："何为则民服？"孔子对曰："举直错诸枉，则民服；举枉错诸直，则民不服。"季康子问："使民敬忠以劝，如之何？"子曰：

問十世可知也子曰殷因
無輗其何以行之哉子張
知其可也大車無輗小車
爲爲政子曰人而無信不
施於有政是亦爲政奚其
書云孝乎惟孝友于兄弟
孔子曰子奚不爲政子曰
舉善而教不能則勸或謂
臨之以莊則敬孝慈則忠

【标点释文】

"临之以庄，则敬；孝慈，则忠；举善而教不能，则劝。"或谓孔子曰：
"子奚不为政？"子曰："《书》云：'孝乎惟孝，友于兄弟，施
于有政。'是亦为政，奚其为为政？"子曰："人而无信，不知其可也。
大车无輗，小车无軏，其何以行之哉？"子张问："十世可知也？"
子曰："殷因

於夏禮所損益可知也周
因於殷禮所損益可知也
其或繼周者雖百世可知
也子曰非其鬼而祭之諂
也見義不爲無勇也

【标点释文】

于夏礼，所损益，可知也；周因于殷礼，所损益，可知也；其或继周者，虽百世，可知也。"子曰："非其鬼而祭之，谄也。见义不为，无勇也。"

論語卷第二

八佾第三　何晏集解

八佾第三　何晏集解

也 寧 戚 子 曰 夷 狄 之 有 君　與 其 奢 也 寧 儉 喪 與 其 易　問 禮 之 本 子 曰 大 哉 問 禮　何 人 而 不 仁 如 樂 何 林 放　之 堂 子 曰 人 而 不 仁 如 禮　公 天 子 穆 穆 奚 取 於 三 家　家 者 以 雍 徹 子 曰 相 維 辟　是 可 忍 也 孰 不 可 忍 也 三　孔 子 謂 季 氏 八 佾 舞 於 庭

【标点释文】

孔子谓季氏："八佾舞于庭,是可忍也,孰不可忍也?"三家者,以《雍》彻。子曰:"'相维辟公,天子穆穆',奚取于三家之堂?"子曰:"人而不仁,如礼何?人而不仁,如乐何?"林放问礼之本。子曰:"大哉问!礼,与其奢也,宁俭;丧,与其易也,宁戚。"子曰:"夷狄之有君,

何謂也子曰繪事後素曰

兮美目盼兮素以爲絢兮

也君子子夏問曰巧笑倩

乎揖讓而外下而飲其爭

子曰君子無所爭必也射

呼曾謂泰山不如林放乎

能救與對曰不能子曰嗚

於泰山子謂冉有曰女弗

不如諸夏之亡也季氏旅

【标点释文】

不如诸夏之亡也。"季氏旅于泰山。子谓冉有曰："女弗能救与？"
对曰："不能。"子曰："呜呼！曾谓泰山，不如林放乎？"子曰：
"君子无所争，必也射乎！揖让而升，下而饮。其争也君子。"子
夏问曰："'巧笑倩兮，美目盼兮，素以为绚兮。'何谓也？"子曰：
"绘事后素。"曰：

其說者之於天下也其如
問禘之說子曰不知也知
而往者吾不欲觀之矣或
能徵之矣子曰禘自既灌
也文獻不足故也足則吾
殷禮吾能言之宋不足徵
禮吾能言之杞不足徵也
始可與言詩已矣子曰夏
禮後乎子曰起予者商也

【标点释文】

"礼后乎？"子曰："起予者商也，始可与言《诗》已矣。"子曰："夏礼，吾能言之，杞不足征也；殷礼，吾能言之，宋不足征也。文献不足故也。足，则吾能征之矣。"子曰："禘自既灌而往者，吾不欲观之矣。"或问禘之说。子曰："不知也。知其说者之于天下也，其如

示諸斯乎指其掌祭如在
祭神如神在子曰吾不與
祭如不祭王孫賈問曰與
其媚於奧寧媚於竈何謂
也子曰不然獲罪於天無
所禱也子曰周監於二代
郁郁乎文哉吾從周子入
大廟每事問或曰孰謂鄹
人之子知禮乎入大廟每

【标点释文】

示诸斯乎！"指其掌。祭如在，祭神如神在。子曰："吾不与祭，
如不祭。"王孙贾问曰："与其媚于奥，宁媚于灶，何谓也？"子曰：
"不然！获罪于天，无所祷也。"子曰："周监于二代，郁郁乎文
哉！吾从周。"子入太庙，每事问。或曰："孰谓鄹人之子知礼乎？
入太庙，每

事問子聞之曰是禮也子
曰射不主皮爲力不同科
古之道也子貢欲去告朔
之餼羊子曰賜也女愛其
羊我愛其禮子曰事君盡
禮人以爲諂也定公問君
使臣臣事君如之何孔子
對曰君使臣以禮臣事君
以忠子曰關雎樂而不淫

【标点释文】

事问。”子闻之，曰：“是礼也。”子曰：“射不主皮，为力不同科，古之道也。”子贡欲去告朔之饩羊。子曰：“赐也！女爱其羊，我爱其礼。”子曰：“事君尽礼，人以为谄也。”定公问：“君使臣，臣事君，如之何？”孔子对曰：“君使臣以礼，臣事君以忠。”子曰：“《关雎》，乐而不淫，

哀而不傷哀公問社於宰
我宰我對曰夏后氏以松
殷人以柏周人以栗曰使
民戰栗子聞之曰成事不
說遂事不諫旣往不咎子
曰管仲之器小哉或曰管
仲儉乎曰管氏有三歸官
事不攝焉得儉然則管仲
知禮乎曰邦君樹塞門管

【标点释文】

哀而不伤。"哀公问社于宰我。宰我对曰："夏后氏以松，殷人以柏，
周人以栗，曰：'使民战栗。'子闻之曰："成事不说，遂事不谏，
既往不咎。"子曰："管仲之器小哉！"或曰："管仲俭乎？"曰：
"管氏有三归，官事不摄，焉得俭？""然则管仲知礼乎？"曰："邦
君树塞门，管

氏亦樹塞門邦君為兩君
之好有反坫管氏亦有反
坫管氏而知禮孰不知禮
子語魯大師樂曰樂其可
知也始作翕如也從之純
如也皦如也繹如也以成
儀封人請見曰君子之至
於斯也吾未嘗不得見也
從者見之出曰二三子何

【标点释文】

氏亦树塞门。邦君为两君之好，有反坫，管氏亦有反坫。管氏而知礼，孰不知礼？"子语鲁大师乐，曰："乐其可知也：始作，翕如也；从之，纯如也，皦如也，绎如也，以成。"

　　仪封人请见，曰："君子之至于斯也，吾未尝不得见也。"从者见之。出曰："二三子何

患於喪乎天下之無道也
久矣天將以夫子為木鐸
子謂韶盡美矣又盡善也
謂武盡美矣未盡善也子
曰居上不寬為禮不敬臨
喪不哀吾何以觀之哉
里仁第四　何晏集解
子曰里仁為美擇不處仁
焉得知子曰不仁者不可

【标点释文】

患于丧乎？天下之无道也久矣，天将以夫子为木铎。"子谓《韶》："尽美矣，又尽善也。"谓《武》："尽美矣，未尽善也。"子曰："居上不宽，为礼不敬，临丧不哀，吾何以观之哉？"

里仁第四　何晏集解

子曰："里仁为美。择不处仁，焉得知？"子曰："不仁者不可

以久處約不可以長處樂
仁者安仁知者利仁子曰
唯仁者能好人能惡人子
曰苟志於仁矣無惡也子
曰富與貴是人之所欲也
不以其道得之不處也貧
與賤是人之所惡也不以
其道得之不去也君子去
仁惡乎成名君子無終食

【标点释文】

以久处约，不可以长处乐。仁者安仁，知者利仁。"子曰："唯仁者能好人，能恶人。"子曰："苟志于仁矣，无恶也。"子曰："富与贵，是人之所欲也；不以其道得之，不处也。贫与贱，是人之所恶也；不以其道得之，不去也。君子去仁，恶乎成名？君子无终食

之間違仁造次必於是顛
沛必於是子曰我未見好
仁者惡不仁者好仁者無
以尚之惡不仁者其爲仁
矣不使不仁者加乎其身
有能一日用其力於仁矣
乎我未見力不足者蓋有
之矣我未之見也子曰人
之過也各於其黨觀過斯

【标点释文】

之间违仁，造次必于是，颠沛必于是。"子曰："我未见好仁者，恶不仁者。好仁者，无以尚之；恶不仁者，其为仁矣，不使不仁者加乎其身。有能一日用其力于仁矣乎？我未见力不足者。盖有之矣，我未之见也。"子曰："人之过也，各于其党。观过，斯

知仁矣子曰朝聞道夕死
可矣子曰士志於道而恥
惡衣惡食者未足與議也
子曰君子之於天下也無
適也無莫也義之與比子
曰君子懷德小人懷土君
子懷刑小人懷惠子曰放
於利而行多怨子曰能以
禮讓爲國乎何有不能以

【标点释文】

知仁矣。"子曰："朝闻道，夕死可矣。"子曰："士志于道，而耻恶衣恶食者，未足与议也。"子曰："君子之于天下也，无适也，无莫也，义之与比。"子曰："君子怀德，小人怀土；君子怀刑，小人怀惠。"子曰："放于利而行，多怨。"子曰："能以礼让为国乎？何有！不能以

禮讓爲國如禮何子曰不
患無位患所以立不患莫
己知求爲可知也子曰參
乎吾道一以貫之曾子曰
唯子出門人問曰何謂也
曾子曰夫子之道忠恕而
已矣子曰君子喻於義小
人喻於利子曰見賢思齊
焉見不賢而內自省也子

【标点释文】

礼让为国，如礼何？"子曰："不患无位，患所以立；不患莫己知，求为可知也。"子曰："参乎！吾道一以贯之。"曾子曰："唯。"子出，门人问曰："何谓也？"曾子曰："夫子之道，忠恕而已矣！"子曰："君子喻于义，小人喻于利。"子曰："见贤思齐焉，见不贤而内自省也。"子

約失之者鮮矣子曰君子
出恥躬之不逮也子曰以
則以懼子曰古者言之不
不可不知也一則以喜一
可謂孝矣子曰父母之年
子曰三年無改於父之道
父母在不遠遊遊必有方
又敬不違勞而不怨子曰
曰事父母幾諫見志不從

【标点释文】

曰："事父母几谏，见志不从，又敬不违，劳而不怨。"子曰："父母在，不远游，游必有方。"子曰："三年无改于父之道，可谓孝矣。"子曰："父母之年，不可不知也。一则以喜，一则以惧。"子曰："古者言之不出，耻躬之不逮也。"子曰："以约失之者鲜矣！"子曰："君子

欲訥於言而敏於行子曰

德不孤必有鄰子游曰事

君數斯辱矣朋友數斯疏

矣

論語卷第二

欲讷于言而敏于行。"子曰:"德不孤,必有邻。"子游曰:"事君数,斯辱矣;朋友数,斯疏矣。"

论语卷第二

論語卷第三

公冶長第五　何晏集解

【标点释文】

公冶长第五　何晏集解

子謂公冶長可妻也雖在
縲絏之中非其罪也以其
子妻之子謂南容邦有道
不廢邦無道免於刑戮以
其兄之子妻之子謂子賤
君子哉若人魯無君子者
斯焉取斯子貢問曰賜也
何如子曰女器也曰何器
也曰瑚璉也或曰雍也仁

【标点释文】

子谓公冶长："可妻也，虽在缧绁之中，非其罪也！"以其子妻之。

子谓南容："邦有道，不废；邦无道，免于刑戮。"以其兄之子妻之。

子谓子贱："君子哉若人！鲁无君子者，斯焉取斯？"子贡问曰："赐也何如？"子曰："女，器也。"曰："何器也？"曰："瑚琏也。"

或曰："雍也仁

而不佞子曰焉用佞禦人
以口給屢憎於人不知其
人焉用佞子使漆彫開仕
對曰吾斯之未能信子說
子曰道不行乘桴浮于海
從我者其由與子路聞之
喜子曰由也好勇過我無
所取材孟武伯問子路仁
乎子曰不知也又問子曰

【标点释文】

而不佞。"子曰:"焉用佞?御人以口给,屡憎于人。不知其仁,焉用佞?"子使漆雕开仕。对曰:"吾斯之未能信。"子说。子曰:"道不行,乘桴浮于海。从我者,其由与?"子路闻之喜。子曰:"由也好勇过我,无所取材。"孟武伯问"子路仁乎?"子曰:"不知也。"又问。子曰:

由也千乘之國可使治其
賦也不知其仁也求也何
如子曰求也千室之邑百
乘之家可使爲之宰也不
知其仁也赤也何如子曰
赤也束帶立於朝可使與
賓客言也不知其仁也子
謂子貢曰女與回也孰愈
對曰賜也何敢望回回也

【标点释文】

"由也，千乘之国，可使治其赋也，不知其仁也。""求也何如？"子曰："求也，千室之邑，百乘之家，可使为之宰也，不知其仁也。""赤也何如？"子曰："赤也，束带立于朝，可使与宾客言也，不知其仁也。"子谓子贡曰："女与回也孰愈？"对曰："赐也何敢望回？回也

聞一以知十賜也聞一以
知二子曰弗如也吾與女
弗如也宰予晝寢子曰朽
木不可彫也糞土之牆不
可杇也於予與何誅子曰
始吾於人也聽其言而信
其行今吾於人也聽其言
而觀其行於子與改是子
曰吾未見剛者或對曰申

【标点释文】

闻一以知十，赐也闻一以知二。"子曰："弗如也。吾与女弗如也。"宰予昼寝。子曰："朽木不可雕也，粪土之墙，不可杇也；于予与何诛？"子曰："始吾于人也，听其言而信其行；今吾于人也，听其言而观其行。于予与改是。"子曰："吾未见刚者。"或对曰："申

棖子曰棖也慾焉得剛子
貢曰我不欲人之加諸我
也吾亦欲無加諸人子曰
賜也非爾所及也子貢曰
夫子之文章可得而聞也
夫子之言性與天道不可
得而聞也子路有聞未之
能行唯恐有聞子貢問曰
孔文子何以謂之文也子

棖。"子曰："棖也欲，焉得刚。"子贡曰："我不欲人之加诸我也，吾亦欲无加诸人。"子曰："赐也，非尔所及也。"子贡曰："夫子之文章，可得而闻也；夫子之言性与天道，不可得而闻也。"子路有闻，未之能行，唯恐有闻。子贡问曰："孔文子何以谓之'文'也？"子

曰敬而好學不恥下問是
以謂之文也子謂子產有
君子之道四焉其行己也
恭其事上也敬其養民也
惠其使民也義子曰晏平
仲善與人交久而敬之子
曰臧文仲居蔡山節藻梲
何如其知也子張問曰令
尹子文三仕爲令尹無喜

【标点释文】

曰："敏而好学，不耻下问，是以谓之'文'也。"子谓子产："有君子之道四焉：其行己也恭，其事上也敬，其养民也惠，其使民也义。"

子曰："晏平仲善与人交，久而敬之。"子曰："臧文仲居蔡，山节藻梲，何如其知也。"子张问曰："令尹子文三仕为令尹，无喜

100

色三巳之無慍色舊令尹
之政必以告新令尹何如
子曰忠矣曰仁矣乎曰未
知焉得仁崔子弒齊君陳
文子有馬十乘弃而違之
至於他邦則曰猶吾大夫
崔子也違之之一邦則又
曰猶吾大夫崔子也違之
何如子曰清矣曰仁矣乎

【标点释文】

色；三巳之，无慍色。旧令尹之政，必以告新令尹。何如？"子曰：
"忠矣。"曰："仁矣乎？"曰："未知，焉得仁？""崔子弒齐君，
陈文子有马十乘，弃而违之。至于他邦，则曰："犹吾大夫崔子也。"
违之。之一邦，则又曰："犹吾大夫崔子也。"违之。何如？"子曰：
"清矣。"曰："仁矣乎？"

101

曰未知焉得仁季文子三
思而後行子聞之曰再斯
可矣子曰甯武子邦有道
則知邦無道則愚其知可
及也其愚不可及也子在
陳曰歸與歸與吾黨之小
子狂簡斐然成章不知所
以裁之子曰伯夷叔齊不
念舊惡怨是用希子曰孰

【标点释文】

曰："未知，焉得仁？"季文子三思而后行。子闻之曰："再，斯可矣。"
子曰："宁武子，邦有道，则知；邦无道，则愚。其知可及也，其
愚不可及也。"子在陈，曰："归与！归与！吾党之小子狂简，斐
然成章，不知所以裁之。"子曰："伯夷、叔齐，不念旧恶，怨是用希。"
子曰："孰

102

謂微生高直或乞醯焉乞
諸其鄰而與之子曰巧言
令色足恭左丘明恥之丘
亦恥之匿怨而友其人左
丘明恥之丘亦恥之顏淵
季路侍子曰盍各言爾志
子路曰願車馬衣裘與朋
友共敝之而無憾顏淵曰
願無伐善無施勞子路曰

【标点释文】

谓微生高直？或乞醯焉，乞诸其邻而与之。"子曰："巧言，令色，足恭，左丘明耻之，丘亦耻之。匿怨而友其人，左丘明耻之，丘亦耻之。"颜渊、季路侍。子曰："盍各言尔志。"子路曰："愿车马衣轻裘，与朋友共，敝之而无憾。"颜渊曰："愿无伐善，无施劳。"子路曰：

願聞子之志子曰老者安
之朋友信之少者懷之子
曰已矣乎吾未見能見其過
而内自訟者也子曰十室
之邑必有忠信如丘者焉
不如丘之好學也
雍也第六　何晏集解
子曰雍也可使南面仲弓
問子桑伯子子曰可也簡

【标点释文】

"愿闻子之志。"子曰:"老者安之,朋友信之,少者怀之。"子曰:
"已矣乎,吾未见能见其过而内自讼者也。"子曰:"十室之邑,
必有忠信如丘者焉,不如丘之好学也。"

雍也第六　何晏集解

子曰:"雍也,可使南面。"仲弓问子桑伯子。子曰:"可也,简。"

為其母請粟子曰與之釜
學者也子華使於齊冉子
命死矣今也則亡未聞好
學不遷怒不貳過不幸短
學孔子對曰有顏回者好
言然哀公問弟子孰為好
簡無乃大簡乎子曰雍之
其民不亦可乎居簡而行
仲弓曰居敬而行簡以臨

【标点释文】

仲弓曰："居敬而行简，以临其民，不亦可乎? 居简而行简，无乃大简乎?"子曰："雍之言然!"哀公问："弟子孰为好学?"孔子对曰："有颜回者好学，不迁怒，不贰过。不幸短命死矣。今也则亡，未闻好学者也。"子华使于齐，冉子为其母请粟。子曰："与之釜。"

請益曰與之庾冉子與之
粟五秉子曰赤之適齊也
乘肥馬衣輕裘吾聞之也
君子周急不繼富原思為
之宰與之粟九百辭子曰
毋以與爾鄰里鄉黨乎子
謂仲弓曰犁牛之子騂且
角雖欲勿用山川其舍諸
子曰回也其心三月不違

【标点释文】

请益。曰："与之庾。"冉子与之粟五秉。子曰："赤之适齐也，乘肥马，衣轻裘。吾闻之也：君子周急不继富。"原思为之宰，与之粟九百，辞。子曰："毋！以与尔邻里乡党乎。"子谓仲弓曰："犁牛之子骍且角。虽欲勿用，山川其舍诸？"子曰："回也，其心三月不违

106

仁其餘則日月至焉而已
矣季康子問仲由可使從
政也與子曰由也果於從
政乎何有曰賜也可使從
政也與曰賜也達於從政
乎何有曰求也可使從政
也與曰求也藝於從政乎
何有季氏使閔子騫為費
宰閔子騫曰善為我辭焉

【标点释文】

仁，其余则日月至焉而已矣。"季康子问："仲由可使从政也与？"子曰："由也果，于从政乎何有？"曰："赐也可使从政也与？"曰："赐也达，于从政乎何有？"曰："求也可使从政也与？"曰："求也艺，于从政乎何有？"季氏使闵子骞为费宰。闵子骞曰："善为我辞焉！

如有復我者則吾必在汶
上矣伯牛有疾子問之自
牖執其手曰亡之命矣夫
斯人也而有斯疾也斯人
也而有斯疾也子曰賢哉
回也一簞食一瓢飲在陋
巷人不堪其憂回也不改
其樂賢哉回也冉求曰非
不說子之道力不足也子

【标点释文】

如有复我者，则吾必在汶上矣。"伯牛有疾，子问之，自牖执其手，曰："亡之，命矣夫！斯人也而有斯疾也！斯人也而有斯疾也！"子曰："贤哉回也！一箪食，一瓢饮，在陋巷，人不堪其忧，回也不改其乐。贤哉回也！"冉求曰："非不说子之道，力不足也。"子

曰力不足者中道而廢今
女畫子謂子夏曰女爲君
子儒無爲小人儒子游爲
武城宰子曰女得人焉耳
乎曰有澹臺滅明者行不
由徑非公事未嘗至於偃
之室也子曰孟之反不伐
奔而殿將入門策其馬曰
非敢後也馬不進也子曰

曰："力不足者，中道而废，今女画。"子谓子夏曰："女为君子儒，无为小人儒。"子游为武城宰。子曰："女得人焉耳乎？"曰："有澹台灭明者，行不由径，非公事，未尝至于偃之室也。"子曰："孟之反不伐，奔而殿，将入门，策其马，曰：'非敢后也，马不进也。'"子曰：

者不如樂之者子曰中人
知之者不如好之者好之
直罔之生也幸而免子曰
然後君子子曰人之生也
野文勝質則史文質彬彬
由斯道也子曰質勝文則
子曰誰能出不由戶何莫
之美難乎免於今之世矣
不有祝鮀之佞而有宋朝

【标点释文】

"不有祝鮀之佞，而有宋朝之美，难乎免于今之世矣。"子曰："谁能出不由户？何莫由斯道也？"子曰："质胜文则野，文胜质则史。文质彬彬，然后君子。"子曰："人之生也直，罔之生也幸而免。"子曰："知之者，不如好之者；好之者，不如乐之者。"子曰："中人

魯魯一變至於道子曰觚

仁者壽子曰齊一變至於

山知者動仁者靜知者樂

矣子曰知者樂水仁者樂

仁者先難而後獲可謂仁

而遠之可謂知矣問仁曰

知子曰務民之義敬鬼神

下不可以語上也樊遲問

以上可以語上也中人以

【标点释文】

以上，可以语上也；中人以下，不可以语上也。"樊迟问知。子曰："务民之义，敬鬼神而远之，可谓知矣。"问仁。曰："仁者先难而后获，可谓仁矣。"子曰："知者乐水，仁者乐山；知者动，仁者静；知者乐，仁者寿。"子曰："齐一变，至于鲁；鲁一变，至于道。"子曰："觚

不觚觚哉觚哉宰我問曰
仁者雖告之曰井有仁焉
其從之也子曰何爲其然
也君子可逝也不可陷也
可欺也不可罔也子曰君
子博學於文約之以禮亦
可以弗畔矣夫子見南子
子路不說夫子矢之曰予
所否者天厭之天厭之子

【标点释文】

不觚，觚哉！觚哉！"宰我问曰："仁者，虽告之曰：'井有仁焉。'其从之也？"子曰："何为其然也？君子可逝也，不可陷也；可欺也，不可罔也。"子曰："君子博学于文，约之以礼，亦可以弗畔矣夫！"子见南子，子路不说。夫子矢之曰："予所否者，天厌之！天厌之！"子

曰中庸之爲德也其至矣
乎民鮮久矣子貢曰如有
博施於民而能濟衆何如
可謂仁乎子曰何事於仁
必也聖乎堯舜其猶病諸
夫仁者己欲立而立人己
欲達而達人能近取譬可
謂仁之方也已

【标点释文】

曰："中庸之为德也，其至矣乎！民鲜久矣。"子贡曰："如有博施于民而能济众，何如？可谓仁乎？"子曰："何事于仁，必也圣乎！尧、舜其犹病诸！夫仁者，己欲立而立人；己欲达而达人。能近取譬，可谓仁之方也已。"

論語卷第四

述而第七　何晏集解

不善不能改是吾憂也子　脩學之不講聞義不能徙　何有於我哉子曰德之不　識之學而不厭誨人不倦　竊比於我老彭子曰默而　子曰述而不作信而好古

【标点释文】

述而第七　何晏集解

子曰："述而不作，信而好古，窃比于我老彭。"子曰："默而识之，学而不厌，诲人不倦，何有于我哉？"子曰："德之不修，学之不讲，闻义不能徙，不善不能改，是吾忧也。"子

有喪者之側未嘗飽也子
三隅反則不復也子食於
啓不悱不發舉一隅不以
未嘗無誨焉子曰不憤不
藝子曰自行束脩以上吾
於道據於德依於仁遊於
吾不復夢見周公子曰志
也子曰甚矣吾衰也久矣
之燕居申申如也天天如

【标点释文】

之燕居，申申如也，天天如也。子曰："甚矣吾衰也！久矣吾不复梦见周公！"子曰："志于道，据于德，依于仁，游于艺。"子曰："自行束脩以上，吾未尝无诲焉。"子曰："不愤不启，不悱不发，举一隅不以三隅反，则不复也。"子食于有丧者之侧，未尝饱也。子

於是日哭則不歌子謂顏
淵曰用之則行舍之則藏
唯我與爾有是夫子路曰
子行三軍則誰與子曰暴
虎馮河死而無悔者吾不
與也必也臨事而懼好謀
而成者也子曰富而可求
也雖執鞭之士吾亦為之
如不可求從吾所好子之

【标点释文】

于是日哭，则不歌。子谓颜渊曰："用之则行，舍之则藏，唯我与尔有是夫！"子路曰："子行三军，则谁与？"子曰："暴虎冯河，死而无悔者，吾不与也。必也临事而惧，好谋而成者也。"子曰："富而可求也，虽执鞭之士，吾亦为之。如不可求，从吾所好。"子之

118

所慎齊戰疾子在齊聞韶
三月不知肉味曰不圖爲
樂之至於斯也冉有曰夫
子爲衞君乎子貢曰諾吾
將問之入曰伯夷叔齊何
人也曰古之賢人也曰怨
乎曰求仁而得仁又何怨
出曰夫子不爲也子曰飯
疏食飲水曲肱而枕之樂

【标点释文】

所慎：齐，战，疾。子在齐，闻《韶》，三月不知肉味，曰："不图为乐之至于斯也！"冉有曰："夫子为卫君乎？"子贡曰："诺，吾将问之。入，曰："伯夷、叔齐何人也？"曰："古之贤人也。"曰："怨乎？"曰："求仁而得仁，又何怨？"出，曰："夫子不为也。"子曰："饭疏食，饮水，曲肱而枕之，乐

亦在其中矣不義而富且
貴於我如浮雲子曰加我
數年五十以學易可以無
大過矣子所雅言詩書執
禮皆雅言也葉公問孔子
於子路子路不對子曰女
奚不曰其為人也發憤忘
食樂以忘憂不知老之將
至云爾子曰我非生而知

【标点释文】

亦在其中矣。不义而富且贵，于我如浮云。"子曰："加我数年，五十以学《易》，可以无大过矣。"子所雅言，《诗》、《书》、执礼，皆雅言也。叶公问孔子于子路，子路不对。子曰："女奚不曰，其为人也，发愤忘食，乐以忘忧，不知老之将至云尔。"子曰："我非生而知

之者好古敏以求之者也
子不語怪力亂神子曰我
三人行必得我師焉擇其
善者而從之其不善者而
改之子曰天生德於予桓
魋其如予何子曰二三子
以我爲隱乎吾無隱乎爾
吾無行而不與二三子者
是丘也子以四教文行忠

【标点释文】

之者，好古，敏以求之者也。"子不语怪、力、乱、神。子曰："三
人行，必有我师焉：择其善者而从之，其不善者而改之。"子曰："天
生德于予，桓魋其如予何！"子曰："二三子以我为隐乎？吾无隐
乎尔。吾无行而不与二三子者，是丘也。"子以四教：文，行，忠，

信子曰聖人吾不得而見

之矣得見君子者斯可矣

子曰善人吾不得而見之

矣得見有恒者斯可矣亡

而爲有虛而爲盈約而爲

泰難乎有恒矣子釣而不

綱弋不射宿子曰蓋有不

知而作之者我無是也多

聞擇其善者而從之多見

【标点释文】

信。子曰：“圣人吾不得而见之矣；得见君子者，斯可矣。”子曰：
“善人吾不得而见之矣；得见有恒者，斯可矣。亡而为有，虚而为
盈，约而为泰，难乎有恒矣。”子钓而不纲，弋不射宿。子曰：“盖
有不知而作之者，我无是也。多闻，择其善者而从之；多见

而識之知之次也互鄉難

與言童子見門人惑子曰

與其進也不與其退也唯

何甚人潔己以進與其潔

也不保其往也子曰仁遠

乎哉我欲仁斯仁至矣陳

司敗問昭公知禮乎孔子

曰知禮孔子退揖巫馬期

而進之曰吾聞君子不黨

【标点释文】

而识之；知之次也。"互乡难与言，童子见，门人惑。子曰："与其进也，不与其退也，唯何甚？人洁己以进，与其洁也，不保其往也。"子曰："仁远乎哉？我欲仁，斯仁至矣。"陈司败问："昭公知礼乎？"孔子曰："知礼。"孔子退，揖巫马期而进之，曰："吾闻君子不党，

君子亦黨乎君取於吳爲
同姓謂之吳孟子君而知
禮孰不知禮巫馬期以告
子曰丘也幸苟有過人必
知之子與人歌而善必使
反之而後和之子曰文莫
吾猶人也躬行君子則吾
未之有得子曰若聖與仁
則吾豈敢抑爲之不厭誨

【标点释文】

君子亦党乎？君取于吴，为同姓，谓之吴孟子。君而知礼，孰不知礼？"巫马期以告。子曰："丘也幸，苟有过，人必知之。"子与人歌而善，必使反之，而后和之。子曰："文，莫吾犹人也，躬行君子，则吾未之有得。"子曰："若圣与仁，则吾岂敢。抑为之不厌，诲

人不倦則可謂云爾已矣

公西華曰正唯弟子不能

學也子疾病子路請禱子

曰有諸子路對曰有之誄

曰禱爾于上下神祇子曰

丘之禱久矣子曰奢則不

孫儉則固與其不孫也寧

固子曰君子坦蕩蕩小人

長戚戚子溫而厲威而不

【标点释文】

人不倦，则可谓云尔已矣。"公西华曰："正唯弟子不能学也。"子疾病，子路请祷。子曰："有诸？"子路对曰："有之。诔曰：'祷尔于上下神祇。'"子曰："丘之祷久矣。"子曰："奢则不孙，俭则固。与其不孙也，宁固。"子曰："君子坦荡荡，小人长戚戚。"子温而厉，威而不

猛恭而安

泰伯第八　何晏集解

子曰泰伯其可謂至德也
已矣三以天下讓已無得
而稱焉子曰恭而無禮則
勞慎而無禮則葸勇而無
禮則亂直而無禮則絞君
子篤於親則民興於仁故
舊不遺則民不偷曾子有

【标点释文】

猛，恭而安。

泰伯第八　何晏集解

子曰："泰伯，其可谓至德也已矣。三以天下让，民无得而称焉。"

子曰："恭而无礼则劳，慎而无礼则葸，勇而无礼则乱，直而无礼则绞。

君子笃于亲，则民兴于仁；故旧不遗，则民不偷。"曾子有

疾召門弟子曰啓予足啓
予手詩云戰戰兢兢如臨
深淵如履薄冰而今而後
吾知免夫小子曾子有疾
孟敬子問之曾子言曰鳥
之將死其鳴也哀人之將
死其言也善君子所貴乎
道者三動容貌斯遠暴慢
矣正顏色斯近信矣出辭

【标点释文】

疾，召门弟子曰："启予足！启予手！《诗》云：'战战兢兢，如临深渊，如履薄冰。'而今而后，吾知免夫！小子！"曾子有疾，孟敬子问之。曾子言曰："鸟之将死，其鸣也哀；人之将死，其言也善。君子所贵乎道者三：动容貌，斯远暴慢矣；正颜色，斯近信矣；出辞

127

氣斯遠鄙倍矣籩豆之事
則有司存曾子曰以能問
於不能以多問於寡有若
無實若虛犯而不校昔者
吾友嘗從事於斯矣曾子
曰可以託六尺之孤可以
寄百里之命臨大節而不
可奪也君子人與君子人
也曾子曰士不可以不弘

【标点释文】

气，斯远鄙倍矣。笾豆之事，则有司存。"曾子曰："以能问于不能，
以多问于寡；有若无，实若虚，犯而不校，昔者吾友尝从事于斯矣。"
曾子曰："可以托六尺之孤，可以寄百里之命，临大节而不可夺也，
君子人与？君子人也！"曾子曰："士不可以不弘

毅任重而道遠仁以為己
任不亦重乎死而後已不
亦遠乎子曰興於詩立於
禮成於樂子曰民可使由
之不可使知之子曰好勇
疾貧亂也人而不仁疾之
已甚亂也子曰如有周公
之才之美使驕且吝其餘
不足觀也已子曰三年學

【标点释文】

毅，任重而道远。仁以为已任，不亦重乎？死而后已，不亦远乎？”
子曰：“兴于诗，立于礼，成于乐。”子曰：“民可使由之，不可
使知之。”子曰：“好勇疾贫，乱也；人而不仁，疾之已甚，乱也。”
子曰：“如有周公之才之美，使骄且吝，其余不足观也已。”子曰：
“三年学，

不至於穀不易得也子曰
篤信好學守死善道危邦
不入亂邦不居天下有道
則見無道則隱邦有道貧
且賤焉恥也邦無道富且
貴焉恥也子曰不在其位
不謀其政子曰師摯之始
關雎之亂洋洋乎盈耳哉
子曰狂而不直侗而不愿

【标点释文】

不至于谷，不易得也。"子曰："笃信好学，守死善道。危邦不入，
乱邦不居。天下有道则见，无道则隐。邦有道，贫且贱焉，耻也；
邦无道，富且贵焉，耻也。"子曰："不在其位，不谋其政。"子曰：
"师挚之始，《关雎》之乱，洋洋乎盈耳哉！"子曰："狂而不直，
侗而不愿，

130

悾悾而不信吾不知之矣
子曰學如不及猶恐失之
子曰巍巍乎舜禹之有天
下也而不與焉子曰大哉
堯之為君也巍巍乎唯天
為大唯堯則之蕩蕩乎民
無能名焉巍巍乎其有
成功也煥乎其有文章舜
有臣五人而天下治武王

【标点释文】

悾悾而不信，吾不知之矣。"子曰："学如不及，犹恐失之。"子曰："巍巍乎，舜、禹之有天下也，而不与焉！"子曰："大哉，尧之为君也！巍巍乎！唯天为大，唯尧则之，荡荡乎，民无能名焉。巍巍乎其有成功也，焕乎其有文章！"舜有臣五人而天下治。武王

131

曰子有亂臣十人孔子曰才
難不其然乎唐虞之際於
斯爲盛有婦人焉九人而
已三分天下有其二以服
事殷周之德其可謂至德
也已矣子曰禹吾無間然
矣菲飲食而致孝乎鬼神
惡衣服而致美乎黻冕卑
宮室而盡力乎溝洫禹吾

曰:"予有乱臣十人。"孔子曰:"才难,不其然乎?唐虞之际,于斯为盛。有妇人焉,九人而已。三分天下有其二,以服事殷。周之德,其可谓至德也已矣。"子曰:"禹,吾无间然矣。菲饮食,而致孝乎鬼神;恶衣服,而致美乎黻冕;卑宫室,而尽力乎沟洫。禹,吾

無閒然矣

論語卷第四

【标点释文】

无间然矣。" 论语卷第四

論語卷第五

無所成名子聞之謂門弟
黨人曰大哉孔子博學而
子罕言利與命與仁達巷
子罕第九　何晏集解

【标点释文】

子罕第九　何晏集解

子罕言利与命与仁。达巷党人曰："大哉孔子，博学而无所成名。"

子闻之，谓门弟

137

得與之之文必眾禮也乎子
於將王母我子禮矣日
斯喪既母子從也今執吾
斯沒固從今也御何
文文文毋畏下拜絲乎執
也也不意於子乎儉執執
天後在毋匡絕上吾射御
之死茲必曰四泰從御乎
未者乎毋文毋也眾矣執
喪不天固王意雖拜子射
之毋既毋違下曰
未我沒必眾麻
喪毋吾冕
固從禮

【标点释文】

子曰："吾何执？执御乎，执射乎？吾执御矣。"子曰："麻冕，礼也；
今也纯，俭，吾从众。拜下，礼也；今拜乎上，泰也。虽违众，吾从下。"
子绝四：毋意，毋必，毋固，毋我。子畏于匡，曰："文王既没，
文不在兹乎？天之将丧斯文也，后死者不得与于斯文也；天之未丧

斯文也匡人其如予何大
宰問於子貢曰夫子聖者
與何其多能也子貢曰固
天縱之將聖又多能也子
聞之曰大宰知我乎吾少
也賤故多能鄙事君子多
乎哉不多也牢曰子云吾
不試故藝子曰吾有知乎
哉無知也有鄙夫問於我

【标点释文】

斯文也，匡人其如予何？”太宰问于子贡曰：“夫子圣者与？何其多能也？”子贡曰：“固天纵之将圣，又多能也。”子闻之，曰：“太宰知我乎！吾少也贱，故多能鄙事。君子多乎哉？不多也！”牢曰：“子云：‘吾不试，故艺。’”子曰：“吾有知乎哉？无知也。有鄙夫问于我，

空空如也我叩其兩端而
竭焉子曰鳳鳥不至河不
出圖吾已矣夫夫子見齊衰
者冕衣裳者與瞽者見之
雖少必作過之必趨顏淵
喟然歎曰仰之彌高鑽之
彌堅瞻之在前忽焉在後
夫子循循然善誘人博我
以文約我以禮欲罷不能

【标点释文】

空空如也。我叩其两端而竭焉。"子曰:"凤鸟不至,河不出图,
吾已矣夫!"子见齐衰者、冕衣裳者与瞽者,见之,虽少,必作;
过之,必趋。颜渊喟然叹曰:"仰之弥高,钻之弥坚。瞻之在前,
忽焉在后。夫子循循然善诱人,博我以文,约我以礼,欲罢不能。

140

既竭吾才如有所立卓爾
雖欲從之末由也已子疾
病子路使門人爲臣病閒
曰久矣哉由之行詐也無
臣而爲有臣吾誰欺欺天
乎且予與其死於臣之手
也無寧死於二三子之手
乎且予縱不得大葬予死
於道路乎子貢曰有美玉

【标点释文】

既竭吾才，如有所立卓尔，虽欲从之，末由也已。"子疾病，子路使门人为臣。病间，曰："久矣哉，由之行诈也！无臣而为有臣。吾谁欺，欺天乎？且予与其死于臣之手也，无宁死于二三子之手乎！且予纵不得大葬，予死于道路乎？"子贡曰："有美玉

141

於斯，韞匵而藏諸求善賈而沽諸哉我待賈者也子欲居九夷或曰陋如之何子曰君子居之何陋之有子曰吾自衞反魯然後樂正雅頌各得其所子曰出則事公卿入則事父兄喪事不敢不勉不爲酒困何有於我

【标点释文】

于斯，韫椟而藏诸？求善贾而沽诸？"子曰："沽之哉！沽之哉！我待贾者也。"子欲居九夷。或曰："陋，如之何？"子曰："君子居之，何陋之有？"子曰："吾自卫反鲁，然后乐正，《雅》、《颂》各得其所。"子曰："出则事公卿，入则事父兄，丧事不敢不勉，不为酒困，何有于我

142

哉子在川上曰逝者如斯
夫不舍晝夜子曰吾未見
好德如好色者也子曰譬
如爲山未成一簣止吾止
也譬如平地雖覆一簣進
吾往也子曰語之而不惰
者其回也與子謂顏淵曰
惜乎吾見其進也未見其
止也子曰苗而不秀者有

【标点释文】

哉。”子在川上曰：“逝者如斯夫，不舍昼夜！”子曰：“吾未见好德如好色者也。”子曰：“譬如为山，未成一篑，止，吾止也。譬如平地，虽覆一篑，进，吾往也。”子曰：“语之而不惰者，其回也与。”子谓颜渊曰：“惜乎！吾见其进也，未见其止也！”子曰：“苗而不秀者有

矣夫秀而不實者有矣夫
子曰後生可畏焉知來者
之不如今也四十五十而
無聞焉斯亦不足畏也已
子曰法語之言能無從乎
改之爲貴巽與之言能無
說乎繹之爲貴說而不繹
從而不改吾末如之何也
已矣子曰主忠信毋友不

【标点释文】

矣夫! 秀而不实者有矣夫! ”子曰: “后生可畏，焉知来者之不如今也? 四十、五十而无闻焉，斯亦不足畏也已。”子曰: “法语之言，能无从乎? 改之为贵。巽与之言，能无说乎? 绎之为贵。说而不绎，从而不改，吾末如之何也已矣。”子曰: “主忠信，毋友不

如己者過則勿憚改子曰
三軍可奪帥也匹夫不可
奪志也子曰衣敝縕袍與
衣狐貉者立而不恥者其
由也與不忮不求何用不
臧子路終身誦之子曰是
道也何足以臧子曰歲寒
然後知松柏之後彫也子
曰知者不惑仁者不憂勇

【标点释文】

如己者，过则勿惮改。"子曰："三军可夺帅也，匹夫不可夺志也。"
子曰："衣敝缊袍，与衣狐貉者立，而不耻者，其由也与。'不忮不求，
何用不臧？'"子路终身诵之。子曰："是道也，何足以臧？"子曰："岁
寒，然后知松柏之后凋也！"子曰："知者不惑，仁者不忧，勇

145

不能言者其在宗廟朝廷　孔子於鄉黨恂恂如也似　鄉黨第十　何晏集解　也夫何遠之有　思室是遠而子曰未之思　棣之華偏其反而豈不爾　與立可與立未可與權唐　可與適道可與適道未可　者不懼子曰可與共學未

【标点释文】

者不惧。"子曰："可与共学，未可与适道；可与适道，未可与立；可与立，未可与权。""唐棣之华，偏其反而。岂不尔思？室是远而。"子曰："未之思也，夫何远之有。"

乡党第十　何晏集解

孔子于乡党，恂恂如也，似不能言者。其在宗庙朝廷，

146

便便言唯謹爾朝與下大
夫言侃侃如也與上大夫
言誾誾如也君在踧踖如
也與與如也君召使擯色
勃如也足躩如也揖所與
立左右手衣前後襜如也
趨進翼如也賓退必復命
曰賓不顧矣入公門鞠躬
如也如不容立不中門行

【标点释文】

便便言，唯谨尔。朝，与下大夫言，侃侃如也；与上大夫言，誾誾如也。君在，踧踖如也，与与如也。君召使摈，色勃如也，足躩如也。揖所与立，左右手，衣前后，襜如也。趋进，翼如也。宾退，必复命曰："宾不顾矣。"入公门，鞠躬如也，如不容。立不中门，行

不履閾過位色勃如也足
躍如也其言似不足者攝
齊升堂鞠躬如也屏氣似
不息者出降一等逞顏色
怡怡如也沒階趨進翼如
也復其位踧踖如也執圭
鞠躬如也如不勝上如揖
下如授勃如戰色足蹜蹜
如有循享禮有容色私覿

【标点释文】

不履阈。过位，色勃如也，足躩如也，其言似不足者。摄齐升堂，鞠躬如也，屏气似不息者。出，降一等，逞颜色，怡怡如也。没阶趋进，翼如也。复其位，踧踖如也。执圭，鞠躬如也，如不胜。上如揖，下如授。勃如战色，足蹜蹜如有循。享礼，有容色。私觌，

愉愉如也君子不以紺緅
飾紅紫不以爲褻服當暑
袗絺綌必表而出之緇衣
羔裘素衣麑裘黃衣狐裘
褻裘長短右袂必有寢衣
長一身有半狐貉之厚以
居去喪無所不佩非帷裳
必殺之羔裘玄冠不以弔
吉月必朝服而朝齊必有

【标点释文】

愉愉如也。君子不以绀緅饰，红紫不以为亵服。当暑，袗絺綌，必表而出之。缁衣，羔裘；素衣，麑裘；黄衣，狐裘。亵裘长，短右袂。必有寝衣，长一身有半。狐貉之厚以居。去丧，无所不佩。非帷裳，必杀之。羔裘玄冠不以吊。吉月，必朝服而朝。齐，必有

撤薑食不多食祭於公不
不及亂沽酒市脯不食不
多不使勝食氣唯酒無量
不食不得其醬不食肉雖
餁不食不時不食割不正
食色惡不食臭惡不食失
食饐而餲魚餒而肉敗不
坐食不厭精膾不厭細
明衣布齊必變食居必遷

【标点释文】

明衣，布。齐必变食，居必迁坐。食不厌精，脍不厌细。食饐而餲，鱼馁而肉败，不食。色恶，不食。臭恶，不食。失饪，不食。不时，不食。割不正，不食。不得其酱，不食。肉虽多，不使胜食气。唯酒无量，不及乱。沽酒市脯不食。不撤姜食，不多食。祭于公，不

150

宿肉祭肉不出三日出三
日不食之矣食不語寢不
言雖疏食菜羹瓜祭必齊
如也席不正不坐鄉人飲
酒杖者出斯出矣鄉人儺
朝服而立於阼階問人於
他邦再拜而送之康子饋
藥拜而受之曰丘未達不
敢嘗廄焚子退朝曰傷人

【标点释文】

宿肉。祭肉不出三日。出三日，不食之矣。食不语，寝不言。虽疏食菜羹，瓜祭，必齐如也。席不正，不坐。乡人饮酒，杖者出，斯出矣。乡人傩，朝服而立于阼阶。问人于他邦，再拜而送之。康子馈药，拜而受之。曰："丘未达，不敢尝。"厩焚。子退朝，曰："伤人

乎不問馬君賜食必正席
先嘗之君賜腥必孰而薦
之君賜生必畜之侍食於
君君祭先飯疾君視之東
首加朝服拖紳君命召不
俟駕行矣入大廟每事問
朋友死無所歸曰於我殯
朋友之饋雖車馬非祭肉
不拜寢不尸居不客見齊

【标点释文】

乎？”不问马。君赐食，必正席先尝之；君赐腥，必熟而荐之；君赐生，必畜之。侍食于君，君祭，先饭。疾，君视之，东首，加朝服，拖绅。君命召，不俟驾行矣。入太庙，每事问。朋友死，无所归，曰：“于我殡。”朋友之馈，虽车马，非祭肉，不拜。寝不尸，居不客。见齐

152

衰者雖狎必變見冕者與
瞽者雖褻必以貌凶服者
式之式負版者有盛饌必
變色而作迅雷風烈必變
升車必正立執綏車中不
內顧不疾言不親指色斯
舉矣翔而後集曰山梁雌
雉時哉時哉子路共之三
嗅而作

【标点释文】

衰者，虽狎，必变。见冕者与瞽者，虽亵，必以貌。凶服者式之，式负版者。有盛馔，必变色而作。迅雷风烈必变。升车，必正立执绥。车中不内顾，不疾言，不亲指。色斯举矣，翔而后集。曰："山梁雌雉，时哉时哉！"子路共之，三嗅而作。

論語卷第六

弓言語宰我子貢政事冉
行顏淵閔子騫冉伯牛仲
於陳蔡者皆不及門也德
之則吾從先進子曰從我
後進於禮樂君子也如用
子曰先進於禮樂野人也
先進第十一　何晏集解

【标点释文】

先进第十一　何晏集解

子曰："先进于礼乐，野人也；后进于礼乐，君子也。如用之，则吾从先进。"子曰："从我于陈、蔡者，皆不及门也。"

德行：颜渊、闵子骞、冉伯牛、仲弓。言语：宰我、子贡。政事：冉

短命死矣今也則亡顏淵
對曰有顏回者好學不幸
子問弟子孰爲好學孔子
子以其兄之子妻之季康
弟之言南容三復白圭孔
子騫人不間於其父母昆
言無所不說子曰孝哉閔
曰回也非助我者也於吾
有季路文學子游子夏子

【标点释文】

有、季路。文学：子游、子夏。子曰："回也，非助我者也，于吾言无所不说。"子曰："孝哉，闵子骞！人不间于其父母昆弟之言。"南容三复白圭，孔子以其兄之子妻之。季康子问："弟子孰为好学？"孔子对曰："有颜回者好学，不幸短命死矣，今也则亡。"颜渊

死顏路請子之車以為之
椁子曰才不才亦各言其
子也鯉也死有棺而無椁
吾不徒行以為之椁以吾
從大夫之後不可徒行也
顏淵死子曰噫天喪予天
喪予顏淵死子哭之慟從
者曰子慟矣曰有慟乎非
夫人之為慟而誰為顏淵

【标点释文】

死，颜路请子之车以为之椁。子曰："才不才，亦各言其子也。鲤也死，有棺而无椁。吾不徒行以为之椁，以吾从大夫之后，不可徒行也。"颜渊死。子曰："噫！天丧予！天丧予！"颜渊死，子哭之恸。从者曰："子恸矣！"曰："有恸乎？非夫人之为恸而谁为？"颜渊

158

死門人欲厚葬之子曰不
可門人厚葬之子曰回也
視予猶父也予不得視猶
子也非我也夫二三子也
季路問事鬼神子曰未能
事人焉能事鬼曰敢問死
曰未知生焉知死閔子侍
側誾誾如也子路行行如
也冉子子貢侃侃如也子

【标点释文】

死，门人欲厚葬之，子曰："不可。"门人厚葬之。子曰："回也视予犹父也，予不得视犹子也。非我也，夫二三子也！"季路问事鬼神。子曰："未能事人，焉能事鬼？"敢问死。曰："未知生，焉知死？"闵子侍侧，誾誾如也；子路，行行如也；冉有、子贡、侃侃如也，子

樂若由也不得其死然魯
人為長府閔子騫曰仍舊
貫如之何何必改作子曰
夫人不言言必有中子曰
由之瑟奚為於丘之門門
人不敬子路子曰由也升
堂矣未入於室也子貢問
師與商也孰賢子曰師也
過商也不及曰然則師愈

【标点释文】

乐。"若由也，不得其死然。"鲁人为长府。闵子骞曰："仍旧贯，如之何？何必改作？"子曰："夫人不言，言必有中。"子曰："由之瑟，奚为于丘之门？"门人不敬子路。子曰："由也升堂矣，未入于室也。"子贡问："师与商也孰贤？"子曰："师也过，商也不及。"曰："然则师愈

与子曰過猶不及季氏富
於周公而求也爲之聚斂
而附益之子曰非吾徒也
小子鳴鼓而攻之可也柴
也愚參也魯師也辟由也
喭子曰回也其庶乎屢空
賜不受命而貨殖焉億則
屢中子張問善人之道子
曰不踐迹亦不入於室子

【标点释文】

与？”子曰：“过犹不及。” 季氏富于周公，而求也为之聚敛而附益之。子曰：“非吾徒也，小子鸣鼓而攻之，可也。”柴也愚，参也鲁，师也辟，由也喭。子曰：“回也其庶乎，屡空。赐不受命，而货殖焉，亿则屡中。”子张问善人之道。子曰：“不践迹，亦不入于室。”子

曰論篤是與君子者乎色
莊者乎子路問聞斯行諸
子曰有父兄在如之何其
聞斯行之冉有問聞斯行
曰由也問聞斯行諸子曰
諸子曰聞斯行之公西華
有父兄在求也問聞斯行
諸子曰聞斯行之赤也惑
敢問子曰求也退故進之

【标点释文】

曰："论笃是与，君子者乎？色庄者乎？"子路问："闻斯行诸？"
子曰："有父兄在，如之何其闻斯行之？"冉有问："闻斯行诸？"
子曰："闻斯行之。"公西华曰："由也问闻斯行诸，子曰：'有
父兄在'；求也问闻斯行诸，子曰：'闻斯行之。'赤也惑，敢问。"
子曰："求也退，故进之；

162

由也兼人故退之子畏於
匡顔淵後子曰吾以女爲
死矣曰子在回何敢死季
子然問仲由冉求可謂大
臣與子曰吾以子爲異之
問曾由與求之問所謂大
臣者以道事君不可則止
今由與求也可謂具臣矣
曰然則從之者與子曰弑

【标点释文】

由也兼人，故退之。"子畏于匡，颜渊后。子曰："吾以女为死矣！"
曰："子在，回何敢死！"季子然问："仲由、冉求，可谓大臣与？"
子曰："吾以子为异之问，曾由与求之问。所谓大臣者，以道事君，
不可则止。今由与求也，可谓具臣矣。"曰："然则从之者与？"
子曰："弑

父與君亦不從也子路使
子羔為費宰子曰賊夫人
之子子路曰有民人焉有
社稷焉何必讀書然後為
學子曰是故惡夫佞者子
路曾皙冉有公西華侍坐
子曰以吾一日長乎爾毋
吾以也居則曰不吾知也
如或知爾則何以哉子路

【标点释文】

父与君，亦不从也。"子路使子羔为费宰。子曰："贼夫人之子。"
子路曰："有民人焉，有社稷焉，何必读书，然后为学。"子曰："是
故恶夫佞者。"子路、曾皙、冉有、公西华侍坐。子曰："以吾一
日长乎尔，毋吾以也。居则曰：'不吾知也！'如或知尔，则何以哉？"
子路

164

率爾而對曰千乘之國攝
乎大國之間加之以師旅
因之以饑饉由也爲之比
及三年可使有勇且知方
也夫子哂之求爾何如對
曰方六七十如五六十求
也爲之比及三年可使足
民如其禮樂以俟君子赤
爾何如對曰非曰能之願

【标点释文】

率尔而对曰："千乘之国，摄乎大国之间，加之以师旅，因之以饥馑。由也为之，比及三年，可使有勇，且知方也。"夫子哂之。"求！尔何如？"对曰："方六七十，如五六十，求也为之，比及三年，可使足民。如其礼乐，以俟君子。""赤！尔何如？"对曰："非曰能之，愿

學焉宗廟之事如會同端
章甫願爲小相焉點爾何
對曰異乎三子者之撰子
如鼓瑟希鏗爾舍瑟而作
曰何傷乎亦各言其志也
曰莫春者春服既成冠者
五六人童子六七人浴乎
沂風乎舞雩詠而歸夫子
喟然歎曰吾與點也三子

【标点释文】

学焉。宗庙之事，如会同，端章甫，愿为小相焉。""点！尔何如？"
鼓瑟希，铿尔，舍瑟而作，对曰："异乎三子者之撰。"子曰："何
伤乎？亦各言其志也。"曰："莫春者，春服既成，冠者五六人，
童子六七人，浴乎沂，风乎舞雩，咏而归。"夫子喟然叹曰："吾
与点也！"三子

者出曾皙後曾皙曰夫三
子者之言何如子曰亦各
言其志也巳矣曰夫子何
哂由也曰爲國以禮其言
不讓是故哂之唯求則非
邦也與安見方六七十如
五六十而非邦也者唯赤
則非邦也與宗廟會同非
諸侯而何赤也爲之小

【标点释文】

者出，曾皙后。曾皙曰：“夫三子者之言何如？”子曰：“亦各言其志也已矣。”曰：“夫子何哂由也？”曰：“为国以礼，其言不让，是故哂之。”“唯求则非邦也与？”“安见方六七十，如五六十，而非邦也者？”“唯赤则非邦也与？”“宗庙会同，非诸侯而何？赤也为之小，

孰能爲之大

顏淵第十二　何晏集解

顏淵問仁。子曰克己復禮爲仁一日克己復禮天下歸仁焉爲仁由己而由人乎哉顏淵曰請問其目子曰非禮勿視非禮勿聽非禮勿言非禮勿動顏淵曰回雖不敢請事斯語矣仲

弓問仁子曰出門如見大
賓使民如承大祭己所不
欲勿施於人在邦無怨在
家無怨仲弓曰雍雖不敏
請事斯語矣司馬牛問仁
子曰仁者其言也訒曰其
言也訒斯謂之仁巳乎子
曰爲之難言之得無訒乎
司馬牛問君子子曰君子

【标点释文】

弓问仁。子曰："出门如见大宾，使民如承大祭。己所不欲，勿施于人。在邦无怨，在家无怨。"仲弓曰："雍虽不敏，请事斯语矣。"司马牛问仁。子曰："仁者，其言也讱。"曰："其言也，斯谓之仁已乎？"子曰："为之难，言之得无讱乎？"司马牛问君子。子曰："君子

不憂不懼曰不憂不懼斯
謂之君子已乎子曰內省
不疚夫何憂何懼司馬牛
憂曰人皆有兄弟我獨亡
子夏曰商聞之矣死生有
命富貴在天君子敬而無
失與人恭而有禮四海之
內皆兄弟也君子何患乎
無兄弟也子張問明子曰

【标点释文】

不忧不惧。"曰:"不忧不惧,斯谓之君子已乎?"子曰:"内省不疚,
夫何忧何惧?"司马牛忧曰:"人皆有兄弟,我独亡!"子夏曰:
"商闻之矣,死生有命,富贵在天。君子敬而无失,与人恭而有礼。
四海之内皆兄弟也,君子何患乎无兄弟也?"子张问明。子曰

浸潤之譖膚受之愬不行
焉可謂明也巳矣浸潤之
譖膚受之愬不行焉可謂
遠也巳矣子貢問政子曰
足食足兵巳信之矣子貢
曰必不得巳而去於斯三
者何先曰去兵子貢曰必
不得巳而去於斯二者何
先曰去食自古皆有死巳

【标点释文】

　"浸润之譖，肤受之愬，不行焉，可谓明也已矣。浸润之譖，肤受之愬，不行焉，可谓远也已矣。"子贡问政。子曰："足食，足兵，民信之矣。"子贡曰："必不得已而去，于斯三者何先？"曰："去兵。"子贡曰："必不得已而去，于斯二者何先？"曰："去食。自古皆有死，民

無信不立棘子成曰君子
質而已矣何以文爲子貢
曰惜乎夫子之說君子也
駟不及舌文猶質也質猶
文也虎豹之鞟猶犬羊之
鞟哀公問於有若曰年饑
用不足如之何有若對曰
盍徹乎曰二吾猶不足如
之何其徹也對曰百姓足

【标点释文】

无信不立。"棘子成曰："君子质而已矣,何以文为?"子贡曰："惜乎,
夫子之说君子也,驷不及舌。文犹质也,质犹文也。虎豹之鞟犹犬
羊之鞟。"哀公问于有若曰："年饥,用不足,如之何?"有若对曰："盍
彻乎?"曰："二,吾犹不足,如之何其彻也?"对曰："百姓足

172

君孰與不足百姓不足君

孰與足子張問崇德辨惑

子曰主忠信徙義崇德也

愛之欲其生惡之欲其死

既欲其生又欲其死是惑

也誠不以富亦祇以異齊

景公問政於孔子孔子對

曰君君臣臣父父子子公

曰善哉信如君不君臣不

【标点释文】

君孰与不足？百姓不足，君孰与足？"子张问崇德辨惑。子曰："主忠信，徙义，崇德也。爱之欲其生，恶之欲其死。既欲其生，又欲其死，是惑也。'诚不以富，亦只以异。'"齐景公问政于孔子。孔子对曰："君君，臣臣，父父，子子。"公曰："善哉！信如君不君、臣不

173

臣父不父子不子雖有粟
吾得而食諸子曰片言可
以折獄者其由也與子路
無宿諾子曰聽訟吾猶人
也必也使無訟乎子張問
政子曰居之無倦行之以
忠子曰博學於文約之以
禮亦可以弗畔矣夫子曰
君子成人之美不成人之

【标点释文】

臣、父不父、子不子，虽有粟，吾得而食诸？"子曰："片言可以折狱者，其由也与？"子路无宿诺。子曰："听讼，吾犹人也，必也使无讼乎。"子张问政。子曰："居之无倦，行之以忠。"子曰："博学于文，约之以礼，亦可以弗畔矣夫！"子曰："君子成人之美，不成人之

174

惡小人反是季康子問政
於孔子孔子對曰政者正
也子帥以正孰敢不正季
康子患盜問於孔子孔子
對曰苟子之不欲雖賞之
不竊季康子問政於孔子
曰如殺無道以就有道何
如孔子對曰子為政焉用
殺子欲善而巳善矣君子

【标点释文】

恶。小人反是。”季康子问政于孔子。孔子对曰：“政者，正也。子帅以正，孰敢不正？”季康子患盗，问于孔子。孔子对曰：“苟子之不欲，虽赏之不窃。”季康子问政于孔子曰：“如杀无道，以就有道，何如？”孔子对曰：“子为政，焉用杀？子欲善，而民善矣。君子

之德風小人之德草草上
之風必偃子張問士何如
斯可謂之達矣子張曰何哉
爾所謂達者子張對曰在
邦必聞在家必聞子曰是
聞也非達也夫達也者質
直而好義察言而觀色慮
以下人在邦必達在家必
達夫聞也者色取仁而行

【标点释文】

之德风，小人之德草，草上之风，必偃。"子张问："士何如斯可谓之达矣？"子曰："何哉，尔所谓达者？"子张对曰："在邦必闻，在家必闻。"子曰："是闻也，非达也。夫达也者，质直而好义，察言而观色，虑以下人。在邦必达，在家必达。夫闻也者，色取仁而行違居之不疑在邦必聞在家必聞樊遲從遊於舞雩之下曰敢問崇德修慝辨惑子曰善哉問先事後得非崇德與攻其惡無攻人之惡非脩慝與一朝之忿忘其身以及其親非惑與樊遲問仁子曰愛人問知子曰知人樊遲未達子曰

【标点释文】

违,居之不疑。在邦必闻,在家必闻。"樊迟从游于舞雩之下,曰:"敢问崇德,修慝,辨惑。"子曰:"善哉问!先事后得,非崇德与?攻其恶,无攻人之恶,非修慝与?一朝之忿,忘其身以及其亲,非惑与?"樊迟问仁。子曰:"爱人。"问知。子曰:"知人。"樊迟未达。子曰举直错诸枉，能使枉者直。樊迟退见子夏曰乡也吾见于夫子而问知子曰举直错诸枉能使枉者直何谓也子夏曰富哉言乎舜有天下选于众举皋陶不仁者远矣汤有天下选于众举伊尹不仁者远矣子贡问友子曰忠告而善道

【标点释文】

"举直错诸枉，能使枉者直。"樊迟退，见子夏曰："乡也吾见于夫子而问知，子曰：'举直错诸枉，能使枉者直。'何谓也？"子夏曰："富哉，言乎！舜有天下，选于众，举皋陶，不仁者远矣。汤有天下，选于众，举伊尹，不仁者远矣。"子贡问友。子曰："忠告而善道

之不可則止毋自辱焉曾
子曰君子以文會友以友
輔仁

【标点释文】

之，不可则止，毋自辱焉。"曾子曰："君子以文会友，以友辅仁。"

論語卷第七

子路第十三　何晏集解

子路問政子曰先之勞之
請益曰無倦仲弓為季氏
宰問政子曰先有司赦小

【标点释文】

子路第十三　何晏集解

子路问政。子曰："先之，劳之。"请益。曰："无倦。"仲弓为季氏宰。问政。子曰："先有司，赦小

183

過舉賢才曰焉知賢才而
舉之曰舉爾所知爾所不
知人其舍諸子路曰衛君
待子而爲政子將奚先子
曰必也正名乎子路曰有
是哉子之迂也奚其正子
曰野哉由也君子於其所
不知蓋闕如也名不正則
言不順言不順則事不成

【标点释文】

过，举贤才。"曰："焉知贤才而举之？"曰："举尔所知，尔所不知，
人其舍诸？"子路曰："卫君待子而为政，子将奚先？"子曰："必
也正名乎！"子路曰："有是哉，子之迂也！奚其正？"子曰："野
哉，由也！君子于其所不知，盖阙如也。名不正，则言不顺；言不顺，
则事不成；

184

事不成則禮樂不興禮樂
不興則刑罰不中刑罰不
中則民無所錯手足故君
子名之必可言也言之必
可行也君子於其言無所
苟而已矣樊遲請學稼子
曰吾不如老農請學為圃
曰吾不如老圃樊遲出子
曰小人哉樊須也上好禮

【标点释文】

事不成，则礼乐不兴；礼乐不兴，则刑罚不中；刑罚不中，则民无所错手足。故君子名之必可言也，言之必可行也。君子于其言，无所苟而已矣。"樊迟请学稼。子曰："吾不如老农。"请学为圃。曰："吾不如老圃。"樊迟出。子曰："小人哉，樊须也！上好礼，

185

則民莫敢不敬上好義則
民莫敢不服上好信則民
莫敢不用情夫如是則四
方之民襁負其子而至矣
焉用稼子曰誦詩三百授
之以政不達使於四方不
能專對雖多亦奚以爲子
曰其身正不令而行其身
不正雖令不從子曰魯衛

186

之政兄弟也子謂衞公子
荆善居室始有曰苟合矣
少有曰苟完矣富有曰苟
美矣子適衞冉有僕子曰
庶矣哉冉有曰旣庶矣又
何加焉曰富之曰旣富矣
又何加焉曰教之子曰苟
有用我者期月而已可也
三年有成子曰善人爲邦

187

百年亦可以勝殘去殺矣
誠哉是言也子曰如有王
者必世而後仁子曰苟正
其身矣於從政乎何有不
能正其身如正人何冉子
退朝子曰何晏也對曰有
政子曰其事也如有政雖
不吾以吾其與聞之定公
問一言而可以興邦有諸

【标点释文】

百年，亦可以胜残去杀矣。'诚哉是言也！"子曰："如有王者，必世而后仁。"子曰："苟正其身矣，于从政乎何有？不能正其身，如正人何？"冉子退朝。子曰："何晏也？"对曰："有政。"子曰："其事也，如有政，虽不吾以，吾其与闻之。"定公问："一言而可以兴邦，有诸？

188

孔子對曰言不可以若是
其幾也人之言曰爲君難
爲臣不易如知爲君之難
也不幾乎一言而興邦乎
曰一言而喪邦有諸孔子
對曰言不可以若是其幾
也人之言曰予無樂乎爲
君唯其言而莫予違也如
其善而莫之違也不亦善

【标点释文】

孔子对曰："言不可以若是其几也。人之言曰：'为君难，为臣不易。'
如知为君之难也，不几乎一言而兴邦乎？"曰："一言而丧邦，有诸？"
孔子对曰："言不可以若是其几也。人之言曰：'予无乐乎为君，
唯其言而莫予违也。'如其善而莫之违也，不亦善

乎如不善而莫之違也不
幾乎一言而喪邦乎葉公
問政子曰近者說遠者來
子夏爲莒父宰問政子曰
無欲速無見小利欲速則
不達見小利則大事不成
葉公語孔子曰吾黨有直
躬者其父攘羊而子證之
孔子曰吾黨之直者異於

【标点释文】

乎？如不善而莫之违也，不几乎一言而丧邦乎？"叶公问政。子曰："近者说，远者来。"子夏为莒父宰，问政。子曰："无欲速，无见小利。欲速则不达，见小利则大事不成。"叶公语孔子曰："吾党有直躬者，其父攘羊，而子证之。"孔子曰："吾党之直者异于

是父爲子隱子爲父隱直
在其中矣樊遲問仁子曰
居處恭執事敬與人忠雖
之夷狄不可弃也子貢問
曰何如斯可謂之士矣子
曰行己有恥使於四方不
辱君命可謂士矣曰敢問
其次曰宗族稱孝焉鄉黨
稱弟焉曰敢問其次曰言

【标点释文】

是，父为子隐，子为父隐，直在其中矣。"樊迟问仁。子曰："居处恭，执事敬，与人忠。虽之夷狄，不可弃也。"子贡问曰："何如斯可谓之士矣？"子曰："行己有耻，使于四方，不辱君命，可谓士矣。"曰："敢问其次。"曰："宗族称孝焉，乡党称弟焉。"曰："敢问其次。"曰："言

必信行必果硻硻然小人
哉抑亦可以為次矣曰今
之從政者何如子曰噫斗
筲之人何足算也子曰不
得中行而與之必也狂狷
乎狂者進取狷者有所不
為也子曰南人有言曰人
而無恒不可以作巫醫善
夫不恒其德或承之羞子

【标点释文】

必信，行必果，硻硻然，小人哉！抑亦可以为次矣。"曰："今之
从政者何如？"子曰："噫！斗筲之人，何足算也？"子曰："不
得中行而与之，必也狂狷乎。狂者进取，狷者有所不为也。"子曰：
"南人有言曰：'人而无恒，不可以作巫医。'善夫！""不恒其德，
或承之羞。"子

192

曰不占而已矣子曰君子
和而不同小人同而不和
子貢問曰鄉人皆好之何
如子曰未可也鄉人皆惡
之何如子曰未可也不如
鄉人之善者好之其不善
者惡之子曰君子易事而
難說也說之不以道不說
也及其使人也器之小人

【标点释文】

曰："不占而已矣。"子曰："君子和而不同，小人同而不和。"

子贡问曰："乡人皆好之，何如？"子曰："未可也。""乡人皆恶之，

何如？"子曰："未可也。不如乡人之善者好之，其不善者恶之。"

子曰："君子易事而难说也。说之不以道，不说也；及其使人也，器之。

小人

193

難事而易說也說之雖不
以道說也及其使人也求
備焉子曰君子泰而不驕
小人驕而不泰子曰剛毅
木訥近仁子路問曰何如
斯可謂之士矣子曰切切
偲偲怡怡如也可謂士矣
朋友切切偲偲兄弟怡怡
子曰善人教民七年亦可

【标点释文】

难事而易说也。说之虽不以道，说也；及其使人也，求备焉。"子曰：
"君子泰而不骄，小人骄而不泰。"子曰："刚毅、木讷，近仁。"
子路问曰："何如斯可谓之士矣？"子曰："切切、偲偲，怡怡如也，
可谓士矣。朋友切切、偲偲，兄弟怡怡。"子曰："善人教民七年，
亦可

以即戎矣子曰以不教民

戰是謂弃之

憲問第十四　何晏集解

憲問恥子曰邦有道穀邦

無道穀恥也克伐怨欲不

行焉可以為仁矣子曰可

以為難矣仁則吾不知也

子曰士而懷居不足以為

士矣子曰邦有道危言危

【标点释文】

以即戎矣。”子曰：“以不教民战，是谓弃之。”

宪问第十四　何晏集解

宪问耻。子曰：“邦有道，谷；邦无道，谷，耻也。”“克、伐、怨、欲不行焉，可以为仁矣？”子曰：“可以为难矣，仁则吾不知也。”

子曰：“士而怀居，不足以为士矣。”子曰：“邦有道，危言危

行邦無道危行言孫子曰
有德者必有言有言者不
必有德仁者必有勇勇者
不必有仁南宮适問於孔
子曰羿善射奡盪舟俱不
得其死然禹稷躬稼而有
天下夫子不答南宮适出
子曰君子哉若人尚德哉
若人子曰君子而不仁者

【标点释文】

行；邦无道，危行言孙。"子曰："有德者必有言，有言者不必有德。仁者必有勇，勇者不必有仁。"南宫适问于孔子曰："羿善射，奡荡舟，俱不得其死然。禹、稷躬稼而有天下。"夫子不答。南宫适出，子曰："君子哉若人！尚德哉若人！"子曰："君子而不仁者

196

有矣夫未有小人而仁者
也子曰愛之能勿勞乎忠
焉能勿誨乎子曰爲命裨
諶草創之世叔討論之行
人子羽脩飾之東里子產
潤色之或問子產子曰惠
人也問子西曰彼哉彼哉
問管仲曰人也奪伯氏駢
邑三百飯疏食沒齒無怨

【标点释文】

有矣夫，未有小人而仁者也。"子曰："爱之，能勿劳乎？忠焉，能勿诲乎？"子曰："为命，裨谌草创之，世叔讨论之，行人子羽修饰之，东里子产润色之。"或问子产。子曰："惠人也。"问子西。曰："彼哉！彼哉！"问管仲。曰："人也。夺伯氏骈邑三百，饭疏食，没齿无怨

言子曰貧而無怨難富而
無驕易子曰孟公綽為趙
魏老則優不可以為滕薛
大夫子路問成人子曰若
臧武仲之知公綽之不欲
卞莊子之勇冉求之藝文
之以禮樂亦可以為成人
矣曰今之成人者何必然
見利思義見危授命久要

【标点释文】

言。"子曰："贫而无怨难，富而无骄易。"子曰："孟公绰为赵、魏老则优，不可以为滕、薛大夫。"子路问成人。子曰："若臧武仲之知，公绰之不欲，卞庄子之勇，冉求之艺，文之以礼乐，亦可以为成人矣。"曰："今之成人者何必然？见利思义，见危授命，久要

不忘平生之言亦可以爲
成人矣子問公叔文子於
公明賈曰信乎夫子不言
不笑不取乎公明賈對曰
以告者過也夫子時然後
言人不厭其言樂然後笑
人不厭其笑義然後取人
不厭其取子曰其然豈其
然乎子曰臧武仲以防求

【标点释文】

不忘平生之言，亦可以为成人矣。"子问公叔文子于公明贾曰："信乎，夫子不言，不笑，不取乎？"公明贾对曰："以告者过也。夫子时然后言，人不厌其言；乐然后笑，人不厌其笑；义然后取，人不厌其取。"子曰："其然？岂其然乎？"子曰："臧武仲以防求

為後於魯雖曰不要君吾
不信也子曰晉文公譎而
不正齊桓公正而不譎子
路曰桓公殺公子糾召忽
死之管仲不死曰未仁乎
子曰桓公九合諸侯不以
兵車管仲之力也如其仁
如其仁子貢曰管仲非仁
者與桓公殺公子糾不能

【标点释文】

为后于鲁，虽曰不要君，吾不信也。"子曰："晋文公谲而不正，齐桓公正而不谲。"子路曰："桓公杀公子纠，召忽死之，管仲不死。"曰："未仁乎？"子曰："桓公九合诸侯，不以兵车，管仲之力也。如其仁！如其仁！"子贡曰："管仲非仁者与？桓公杀公子纠，不能

死又相之子曰管仲相桓
公霸諸侯一匡天下民到
于今受其賜微管仲吾其
被髮左衽矣豈若匹夫匹婦
之爲諒也自經於溝瀆而
莫之知也公叔文子之臣
大夫僎與文子同升諸公
子聞之曰可以爲文矣子
言衛靈公之無道也康子

【标点释文】

死，又相之。"子曰："管仲相桓公，霸诸侯，一匡天下，民到于今受其赐。微管仲，吾其被发左衽矣。岂若匹夫匹妇之为谅也，自经于沟渎而莫之知也。"公叔文子之臣大夫僎，与文子同升诸公。子闻之曰："可以为'文'矣！"子言卫灵公之无道也，康子

曰夫如是奚而不喪孔子
曰仲叔圉治賓客祝鮀治
宗廟王孫賈治軍旅夫如
是奚其喪子曰其言之不
怍則為之也難陳成子弒
簡公孔子沐浴而朝告於
哀公曰陳恒弒其君請討
之公曰告夫二三子孔子
曰以吾從大夫之後不敢

【标点释文】

曰：“夫如是，奚而不丧？”孔子曰：“仲叔圉治宾客，祝鮀治宗庙，王孙贾治军旅。夫如是，奚其丧？”子曰：“其言之不怍，则为之也难。”陈成子弑简公。孔子沐浴而朝，告于哀公曰：“陈恒弑其君，请讨之。”公曰：“告夫二三子。”孔子曰：“以吾从大夫之后，不敢

不告也君曰告夫三子者
之三子告不可孔子曰以
吾從大夫之後不敢不告
也子路問事君子曰勿欺
也而犯之子曰君子上達
小人下達子曰古之學者
爲己今之學者爲人蘧伯
玉使人於孔子孔子與之
坐而問焉曰夫子何爲對

【标点释文】

不告也。君曰'告夫三子'者。"之三子告,不可。孔子曰:"以
吾从大夫之后,不敢不告也。"子路问事君。子曰:"勿欺也,而
犯之。"子曰:"君子上达,小人下达。"子曰:"古之学者为己,
今之学者为人。"蘧伯玉使人于孔子,孔子与之坐而问焉,曰:"夫
子何为?"对

203

曰夫子欲寡其過而未能
也使者出子曰使乎使乎
子曰不在其位不謀其政
曾子曰君子思不出其位
子曰君子恥其言而過其
行子曰君子道者三我無
能焉仁者不憂知者不惑
勇者不懼子貢曰夫子自
道也子貢方人子曰賜也

【标点释文】

曰："夫子欲寡其过而未能也。"使者出，子曰："使乎！使乎！"子曰："不在其位，不谋其政。"曾子曰："君子思不出其位。"子曰："君子耻其言而过其行。"子曰："君子道者三，我无能焉：仁者不忧，知者不惑，勇者不惧。"子贡曰："夫子自道也。"子贡方人。子曰："赐也

賢乎哉夫我則不暇子曰
不患人之不已知患其不
能也子曰不逆詐不億不
信抑亦先覺者是賢乎微
生畝謂孔子曰丘何爲是
栖栖者與無乃爲佞乎孔
子曰非敢爲佞也疾固也
子曰驥不稱其力稱其德
也或曰以德報怨何如子

【标点释文】

贤乎哉？夫我则不暇。"子曰："不患人之不已知，患其不能也。"子曰："不逆诈，不亿不信，抑亦先觉者，是贤乎！"微生亩谓孔子曰："丘何为是栖栖者与？无乃为佞乎？"孔子曰："非敢为佞也，疾固也。"子曰："骥不称其力，称其德也！"或曰："以德报怨，何如？"子

曰何以報德以直報怨以
德報德子曰莫我知也夫
子貢曰何爲其莫知子也子
曰不怨天不尤人下學而
上達知我者其天乎公伯
寮愬子路於季孫子服景
伯以告曰夫子固有惑志
於公伯寮吾力猶能肆諸
市朝子曰道之將行也與

【标点释文】

曰："何以报德？以直报怨，以德报德。"子曰："莫我知也夫！"
子贡曰："何为其莫知子也？"子曰："不怨天，不尤人，下学而上达。
知我者其天乎！"公伯寮愬子路于季孙。子服景伯以告，曰："夫
子固有惑志于公伯寮，吾力犹能肆诸市朝。"子曰："道之将行也与，

206

命也道之將廢也與命也
公伯寮其如命何子曰賢
者辟世其次辟地其次辟
色其次辟言子曰作者七
人矣子路宿於石門晨門
曰奚自子路曰自孔氏曰
是知其不可而爲之者與
子擊磬於衛有荷蕢而過
孔氏之門者曰有心哉擊

【标点释文】

命也；道之将废也与，命也。公伯寮其如命何！"子曰："贤者辟
世，其次辟地，其次辟色，其次辟言。"子曰："作者七人矣。"
子路宿于石门。晨门曰："奚自？"子路曰："自孔氏。"曰："是
知其不可而为之者与？"子击磬于卫，有荷蒉而过孔氏之门者，曰：
"有心哉，击

磬乎既而曰鄙哉硜硜乎
莫己知也斯己而已矣深
則厲淺則揭子曰果哉末
之難矣子張曰書云高宗
諒陰三年不言何謂也子
曰何必高宗古之人皆然
君薨百官總己以聽於冡
宰三年子曰上好禮則民
易使也子路問君子子曰

【标点释文】

磬乎！”既而曰：“鄙哉，硜硜乎，莫己知也，斯己而已矣。深则厉，浅则揭。”子曰：“果哉！末之难矣。”子张曰：“《书》云：‘高宗谅阴，三年不言。’何谓也？”子曰：“何必高宗，古之人皆然。君薨，百官总己以听于冢宰，三年。”子曰：“上好礼，则民易使也。”子路问君子。子曰：

脩己以敬曰如斯而已乎

曰脩己以安人曰如斯而

已乎曰脩己以安百姓脩

己以安百姓堯舜其猶病

諸原壤夷俟子曰幼而不

孫弟長而無述焉老而不

死是爲賊以杖叩其脛闕

黨童子將命或問之曰益

者與子曰吾見其居於位

【标点释文】

"修己以敬。"曰:"如斯而已乎?"曰:"修己以安人。"曰:"如
斯而已乎?"曰:"修己以安百姓。修己以安百姓,尧、舜其犹病诸。"
原壤夷俟。子曰:"幼而不孙弟,长而无述焉,老而不死,是为贼。"
以杖叩其胫。阙党童子将命。或问之曰:"益者与?"子曰:"吾
见其居于位

209

也見其與先生並行也非求益者也欲速成者也

論語卷第七

【标点释文】

也，见其与先生并行也，非求益者也，欲速成者也。"

论语卷第七

論語卷第八

衞靈公第十五　何晏集解

卫灵公第十五　何晏集解

衞靈公問陳於孔子孔子
對曰俎豆之事則嘗聞之
矣軍旅之事未之學也明
日遂行在陳絕糧從者病
莫能興子路慍見曰君子
亦有窮乎子曰君子固窮
小人窮斯濫矣子曰賜也
女以予爲多學而識之者
與對曰然非與曰非也予

【标点释文】

卫灵公问陈于孔子。孔子对曰："俎豆之事，则尝闻之矣；军旅之事，未之学也。"明日遂行。在陈绝粮，从者病，莫能兴。子路愠见曰："君子亦有穷乎？"子曰："君子固穷，小人穷斯滥矣。"子曰："赐也，女以予为多学而识之者与？"对曰："然，非与？"曰："非也，予

一以貫之子曰由知德者
鮮矣子曰無爲而治者其
舜也與夫何爲哉恭己正
南面而已矣子張問行子
曰言忠信行篤敬雖蠻貊
之邦行矣言不忠信行不
篤敬雖州里行乎哉立則
見其參於前也在輿則見
其倚於衡也夫然後行子

【标点释文】

一以贯之。"子曰："由，知德者鲜矣。"子曰："无为而治者，其舜也与？夫何为哉？恭己正南面而已矣。"子张问行。子曰："言忠信，行笃敬，虽蛮貊之邦行矣。言不忠信，行不笃敬，虽州里行乎哉？立，则见其参于前也；在舆，则见其倚于衡也，夫然后行。"子

張書諸紳子曰直哉史魚
邦有道如矢邦無道如矢
君子哉蘧伯玉邦有道則
仕邦無道則可卷而懷
也子曰可與言而不與言
失人不可與言而與之言
失言知者不失人亦不失
言子曰志士仁人無求生
以害人有殺身以成仁子

【标点释文】

张书诸绅。子曰："直哉史鱼！邦有道如矢，邦无道如矢。君子哉蘧伯玉！邦有道则仕，邦无道则可卷而怀也。"子曰："可与言而不与言，失人；不可与言而与之言，失言。知者不失人，亦不失言。"子曰："志士仁人，无求生以害人，有杀身以成仁。"子

貢問爲仁子曰工欲善其

事必先利其器居是邦也

事其大夫之賢者友其士

之仁者顏淵問爲邦子曰

行夏之時乘殷之輅服周

之冕樂則韶舞放鄭聲遠

佞人鄭聲淫佞人殆子曰

人無遠慮必有近憂子曰

巳矣乎吾未見好德如好

【标点释文】

贡问为仁。子曰："工欲善其事，必先利其器。居是邦也，事其大夫之贤者，友其士之仁者。"颜渊问为邦。子曰："行夏之时，乘殷之辂，服周之冕，乐则《韶》、《舞》。放郑声，远佞人，郑声淫，佞人殆。"子曰："人无远虑，必有近忧。"子曰："已矣乎！吾未见好德如好

色者也子曰臧文仲其竊
位者與知柳下惠之賢而
不與立也子曰躬自厚而
薄責於人則遠怨矣子曰
不曰如之何如之何者吾
末如之何也已矣子曰羣
居終日言不及義好行小
慧難矣哉子曰君子義以
爲質禮以行之孫以出之

【标点释文】

色者也。"子曰:"臧文仲其窃位者与! 知柳下惠之贤,而不与立也。"
子曰: "躬自厚而薄责于人,则远怨矣。"子曰:"不曰'如之何,
如之何'者,吾末如之何也已矣! "子曰:"群居终日,言不及义,
好行小慧,难矣哉! "子曰:"君子义以为质,礼以行之,孙以出之,

而可以終身行之者乎子
人廢言子貢問曰有一言
曰君子不以言舉人不以
子矜而不爭羣而不黨子
諸己小人求諸人子曰君
而名不稱焉子曰君子求
已知也子曰君子疾沒世
子病無能焉不病人之不
信以成之君子哉子曰君

【标点释文】

信以成之。君子哉！"子曰："君子病无能焉，不病人之不己知也。"
子曰："君子疾没世而名不称焉。"子曰："君子求诸己，小人求诸人。"
子曰："君子矜而不争，群而不党。"子曰："君子不以言举人，
不以人废言。"子贡问曰："有一言而可以终身行之者乎？"子

218

子曰眾惡之必察焉眾好
言亂德小不忍則亂大謀
人乘之今亡矣夫子曰巧
及史之闕文也有馬者借
以直道而行也子曰吾猶
所試矣斯民也三代之所
毀誰譽如有所譽者其有
於人子曰吾之於人也誰
曰其恕乎己所不欲勿施

【标点释文】

曰："其恕乎！己所不欲，勿施于人。"子曰："吾之于人也，谁毁谁誉。如有所誉者，其有所试矣。斯民也，三代之所以直道而行也。"子曰："吾犹及史之阙文也。有马者，借人乘之，今亡矣夫！"子曰："巧言乱德。小不忍则乱大谋。"子曰："众恶之，必察焉；众好

219

之必察焉子曰人能弘道
非道弘人子曰過而不改
是謂過矣子曰吾嘗終日
不食終夜不寢以思無益
不如學也子曰君子謀道
不謀食耕也餒在其中矣
學也祿在其中矣君子憂
道不憂貧子曰知及之仁
不能守之雖得之必失之

【标点释文】

之，必察焉。"子曰："人能弘道，非道弘人。"子曰："过而不改，是谓过矣。"子曰："吾尝终日不食，终夜不寝，以思，无益，不如学也。"子曰："君子谋道不谋食。耕也，馁在其中矣；学也，禄在其中矣。君子忧道不忧贫。"子曰："知及之，仁不能守之，虽得之，必失之。

知及之仁能守之不莊以
涖之則民不敬知及之仁
能守之莊以涖之動之不
以禮未善也子曰君子不
可小知而可大受也小人
不可大受而可小知也子
曰民之於仁也甚於水火
水火吾見蹈而死者矣未
見蹈仁而死者也子曰當

【标点释文】

知及之，仁能守之，不庄以莅之，则民不敬。知及之，仁能守之，庄以莅之，动之不以礼，未善也。"子曰："君子不可小知，而可大受也；小人不可大受，而可小知也。"子曰："民之于仁也，甚于水火。水火，吾见蹈而死者矣，未见蹈仁而死者也！"子曰："当

【标点释文】

仁不让于师。"子曰："君子贞而不谅。"子曰："事君敬其事，而后其食。"子曰："有教无类。"子曰："道不同，不相为谋。"子曰："辞达而已矣。"师冕见，及阶，子曰："阶也。"及席，子曰："席也。"皆坐，子告之曰："某在斯，某在斯。"师冕出，子张问曰："与师言之道与？"子曰："然，固

222

相師之道也

季氏第十六　何晏集解

李氏將伐顓臾冉有季路

見於孔子曰季氏將有事

於顓臾孔子曰求無乃爾

是過與夫顓臾昔者先王

以爲東蒙主且在邦域之

中矣是社稷之臣也何以

代爲冊有曰夫子欲之吾

【标点释文】

相师之道也。"

季氏第十六　何晏集解

季氏将伐颛臾。冉有、季路见于孔子曰："季氏将有事于颛臾。"孔子曰："求，无乃尔是过与？夫颛臾，昔者先王以为东蒙主，且在邦域之中矣，是社稷之臣也。何以伐为？"冉有曰："夫子欲之，吾

二臣者皆不欲也孔子曰
求周任有言曰陳力就列
不能者止危而不持顛而
不扶則將焉用彼相矣且
爾言過矣虎兕出於柙龜
玉毀於櫝中是誰之過與
毋有曰今夫顓臾固而近
於費今不取後世必爲子
孫憂孔子曰求君子疾夫

【标点释文】

二臣者皆不欲也。"孔子曰："求，周任有言曰：'陈力就列，不
能者止。'危而不持，颠而不扶，则将焉用彼相矣？且尔言过矣，
虎兕出于柙，龟玉毁于椟中，是谁之过与？"冉有曰："今夫颛臾，
固而近于费，今不取，后世必为子孙忧。"孔子曰："求，君子疾
夫

224

舍曰欲之而必為之辭丘
也聞有國有家者不患寡
而患不均不患貧而患不
安蓋均無貧和無寡安無
傾夫如是故遠人不服則
修文德以來之既來之則
安之今由與求也相夫子
遠人不服而不能來也邦
分崩離析而不能守也而

【标点释文】

舍曰欲之，而必为之辞。丘也闻有国有家者，不患寡而患不均，不患贫而患不安。盖均无贫，和无寡，安无倾。夫如是，故远人不服，则修文德以来之；既来之，则安之。今由与求也，相夫子，远人不服，而不能来也；邦分崩离析，而不能守也；而

谋動干戈於邦內吾恐季
孫之憂不在於顓臾而在
蕭牆之內也孔子曰天下
有道則禮樂征伐自天子
出天下無道則禮樂征伐
自諸侯出自諸侯出蓋十
世希不失矣自大夫出五
世希不失矣陪臣執國命
三世希不失矣天下有道

【标点释文】

谋动干戈于邦内。吾恐季孙之忧，不在颛臾，而在萧墙之内也。"
孔子曰："天下有道，则礼乐征伐自天子出；天下无道，则礼乐征
伐自诸侯出。自诸侯出，盖十世希不失矣；自大夫出，五世希不失矣；
陪臣执国命，三世希不失矣。天下有道，

則政不在大夫天下有道

則庶人不議孔子曰禄之

去公室五世矣政逮於大

夫四世矣故夫三桓之子

孫微矣孔子曰益者三友

損者三友友直友諒友多

聞益矣友便辟友善柔友

便佞損矣孔子曰益者三

樂損者三樂樂節禮樂樂

则政不在大夫；天下有道，则庶人不议。"孔子曰："禄之去公室
五世矣，政逮于大夫四世矣，故夫三桓之子孙微矣。"孔子曰："益
者三友，损者三友。友直，友谅，友多闻，益矣。友便辟，友善柔，
有便佞，损矣。"孔子曰："益者三乐，损者三乐。乐节礼乐，乐

道人之善樂多賢友益矣
樂驕樂樂佚遊樂宴樂損
矣孔子曰侍於君子有三
愆言未及之而言謂之躁
言及之而不言謂之隱未
見顏色而言謂之瞽孔子
曰君子有三戒少之時血
氣未定戒之在色及其壯
也血氣方剛戒之在鬪及

【标点释文】

道人之善，乐多贤友，益矣。乐骄乐，乐佚游，乐宴乐，损矣。"
孔子曰："侍于君子有三愆：言未及之而言谓之躁，言及之而不言
谓之隐，未见颜色而言谓之瞽。"孔子曰："君子有三戒：少之时，
血气未定，戒之在色；及其壮也，血气方刚，戒之在斗；及

228

其老也血氣旣衰戒之在
得孔子曰君子有三畏畏
天命畏大人畏聖人之言
小人不知天命而不畏也
狎大人侮聖人之言孔子
曰生而知之者上也學而
知之者次也困而學之又
其次也困而不學民斯為
下矣孔子曰君子有九思

【标点释文】

其老也，血气既衰，戒之在得。"孔子曰："君子有三畏：畏天命，
畏大人，畏圣人之言。小人不知天命而不畏也，狎大人，侮圣人之言。"
孔子曰："生而知之者，上也，学而知之者，次也；困而学之，又
其次也；困而不学，民斯为下矣。"孔子曰："君子有九思：

視思明聽思聰色思溫貌
思恭言思忠事思敬疑思
問忿思難見得思義孔子
曰見善如不及見不善如
探湯吾見其人矣吾聞其
語矣隱居以求其志行義
以達其道吾聞其語矣未
見其人也齊景公有馬千
駟死之日民無德而稱焉

【标点释文】

视思明，听思聪，色思温，貌思恭，言思忠，事思敬，疑思问，忿思难，见得思义。"孔子曰："见善如不及，见不善如探汤。吾见其人矣。吾闻其语矣。隐居以求其志，行义以达其道。吾闻其语矣，未见其人也。"齐景公有马千驷，死之日，民无德而称焉。

伯夷叔齊餓于首陽之下
民到于今稱之其斯之謂
與陳亢問於伯魚曰子亦
有異聞乎對曰未也嘗獨
立鯉趨而過庭曰學詩乎
對曰未也不學詩無以言
鯉退而學詩他日又獨立
鯉趨而過庭曰學禮乎對
曰未也不學禮無以立鯉

【标点释文】

伯夷、叔齐饿于首阳之下，民到于今称之。其斯之谓与？陈亢问于伯鱼曰："子亦有异闻乎？"对曰："未也。尝独立，鲤趋而过庭，曰：'学《诗》乎？'对曰：'未也。''不学《诗》，无以言。'鲤退而学《诗》。他日又独立，鲤趋而过庭，曰：'学《礼》乎？'对曰：'未也。''不学《礼》，无以立。'鲤

退而學禮聞斯二者陳亢
退而喜曰問一得三聞詩
聞禮又聞君子之遠其子
也邦君之妻君稱之曰夫
人夫人自稱曰小童邦人
稱之曰君夫人稱諸異邦
曰寡小君異邦人稱之亦
曰君夫人
論語卷第八

【标点释文】

退而学《礼》。闻斯二者。"陈亢退而喜曰:"问一得三,闻《诗》,闻《礼》,又闻君子之远其子也。"邦君之妻,君称之曰夫人,夫人自称曰小童;邦人称之曰君夫人,称诸异邦曰寡小君;异邦人称之亦曰君夫人。

论语卷第八

論語卷第九

陽貨第十七　何晏集解

陽貨欲見孔子孔子不見
歸孔子豚孔子時其亡也
而往拜之遇諸塗謂孔子

【标点释文】

阳货第十七　何晏集解

阳货欲见孔子，孔子不见，归孔子豚。孔子时其亡也，而往拜之。遇诸涂。谓孔子

曰來予與爾言曰懷其寶
而迷其邦可謂仁乎曰不
可好從事而亟失時可謂
知乎曰不可日月逝矣歲
不我與孔子曰諾吾將仕
矣子曰性相近也習相遠
也子曰唯上知與下愚不
移子之武城聞弦歌之聲
夫子莞爾而笑曰割雞焉

【标点释文】

曰："来！予与尔言。"曰："怀其宝而迷其邦，可谓仁乎？"曰："不可！"好从事而亟失时，可谓知乎？"曰："不可！""日月逝矣，岁不我与。"孔子曰："诺，吾将仕矣。"子曰："性相近也，习相远也。"子曰："唯上知与下愚不移。"子之武城，闻弦歌之声。夫子莞尔而笑，曰："割鸡焉

236

用牛刀子游對曰昔者偃
也聞諸夫子曰君子學道
則愛人小人學道則易使
也子曰二三子偃之言是
也前言戲之耳公山弗擾
以費畔召子欲往子路不
說曰末之也已何必公山
氏之之也子曰夫召我者
而豈徒哉如有用我者吾

【标点释文】

用牛刀？"子游对曰："昔者偃也闻诸夫子曰：'君子学道则爱人，小人学道则易使也。'"子曰："二三子！偃之言是也。前言戏之耳。"公山弗扰以费畔，召，子欲往。子路不说，曰："末之也，已，何必公山氏之之也？"子曰："夫召我者，而岂徒哉？如有用我者，吾

不善者君子不入也佛肸

聞諸夫子曰親於其身爲

子欲往子路曰昔者由也

功惠則足以使人佛肸召

得衆信則人任焉敏則有

寬信敏惠恭則不侮寬則

天下爲仁矣請問之曰恭

孔子孔子曰能行五者於

其爲東周乎子張問仁於

【标点释文】

其为东周乎！"子张问仁于孔子。孔子曰："能行五者于天下，为仁矣。"请问之。曰："恭、宽、信、敏、惠。恭则不侮，宽则得众，信则人任焉，敏则有功，惠则足以使人。"佛肸召，子欲往。子路曰："昔者由也闻诸夫子曰：'亲于其身为不善者，君子不入也。'佛肸

238

以中牟畔子之往也如之
何子曰然有是言也不曰
堅乎磨而不磷不曰白乎
涅而不緇吾豈匏瓜也哉
焉能繫而不食子曰由也
女聞六言六蔽矣乎對曰
未也居吾語女好仁不好
學其蔽也愚好知不好學
其蔽也蕩好信不好學其

【标点释文】

以中牟畔，子之往也，如之何？"子曰："然，有是言也。不曰坚乎，
磨而不磷；不曰白乎，涅而不缁。吾岂匏瓜也哉？焉能系而不食？"
子曰："由也，女闻六言六蔽矣乎？"对曰："未也。""居，吾语女。
好仁不好学，其蔽也愚；好知不好学，其蔽也荡；好信不好学，其

239

蔽也賊好直不好學其蔽
也絞好勇不好學其蔽也
亂好剛不好學其蔽也狂
子曰小子何莫學夫詩詩
可以興可以觀可以羣可
以怨邇之事父遠之事君
多識於鳥獸草木之名子
謂伯魚曰女爲周南召南
矣乎人而不爲周南召南

【标点释文】

蔽也贼；好直不好学，其蔽也绞；好勇不好学，其蔽也乱；好刚不好学，其蔽也狂。"子曰："小子何莫学夫诗？诗，可以兴，可以观，可以群，可以怨。迩之事父，远之事君。多识于鸟兽草木之名。"子谓伯鱼曰："女为《周南》、《召南》矣乎？人而不为《周南》、《召南》，

其猶正牆面而立也與子
曰禮云禮云玉帛云乎哉
樂云樂云鍾鼓云乎哉子
曰色厲而內荏譬諸小人
其猶穿窬之盜也與子曰
鄉原德之賊也子曰道聽
而塗說德之弃也子曰鄙
夫可與事君也與哉其未
得之也患得之既得之患

【标点释文】

其犹正墙面而立也与！"子曰："礼云礼云，玉帛云乎哉？乐云乐云，钟鼓云乎哉？"子曰："色厉而内荏，譬诸小人，其犹穿窬之盗也与！"子曰："乡原，德之贼也。"子曰："道听而涂说，德之弃也。"子曰："鄙夫可与事君也与哉？其未得之也，患得之；既得之，患

失之苟患失之無所不至

矣子曰古者民有三疾今

也或是之亡也古之狂也

肆今之狂也蕩古之矜也

廉今之矜也忿戾古之愚

也直今之愚也詐而已矣

子曰惡紫之奪朱也惡鄭

聲之亂雅樂也惡利口之

覆邦家者子曰予欲無言

【标点释文】

失之；苟患失之，无所不至矣。"子曰："古者民有三疾，今也或是之亡也。古之狂也肆，今之狂也荡；古之矜也廉，今之矜也忿戾；古之愚也直，今之愚也诈而已矣。"子曰："巧言令色，鲜矣仁。"子曰："恶紫之夺朱也，恶郑声之乱雅乐也，恶利口之覆邦家者。"子曰："予欲无言。"

子貢曰子如不言則小子
何述焉子曰天何言哉四
時行焉百物生焉天何言
哉孺悲欲見孔子孔子辭
以疾將命者出戶取瑟而
歌使之聞之宰我問三年
之喪期已久矣君子三年
不爲禮禮必壞三年不爲
樂樂必崩舊穀既沒新穀

【标点释文】

子贡曰：“子如不言，则小子何述焉？”子曰：“天何言哉？四时行焉，百物生焉，天何言哉？”孺悲欲见孔子，孔子辞以疾。将命者出户，取瑟而歌，使之闻之。宰我问：“三年之丧，期已久矣。君子三年不为礼，礼必坏；三年不为乐，乐必崩。旧谷既没，新谷

既朽鑽燧改火期可已矣
子曰食夫稻衣夫錦於女
安乎曰安女安則爲之夫
君子之居喪食旨不甘聞
樂不樂居處不安故不爲
也今女安則爲之宰我出
子曰予之不仁也子生三
年然後免於父母之懷夫
三年之喪天下之通喪也

【标点释文】

既升，钻燧改火，期可已矣。"子曰："食夫稻，衣夫锦，于女安乎？"曰："安！""女安则为之。夫君子之居丧，食旨不甘，闻乐不乐，居处不安，故不为也。今女安，则为之。"宰我出。子曰："予之不仁也！子生三年，然后免于父母之怀。夫三年之丧，天下之通丧也。

子曰有惡惡稱人之惡者
盜子貢曰君子亦有惡乎
為亂小人有勇而無義為
以為上君子有勇而無義
君子尚勇乎子曰君子義
乎為之猶賢乎已子路曰
用心難矣哉不有博弈者
母乎子曰飽食終日無所
予也有三年之愛於其父

【标点释文】

予也有三年之爱于其父母乎？”子曰："饱食终日，无所用心，难矣哉！不有博弈者乎？为之，犹贤乎已。"子路曰："君子尚勇乎？"子曰："君子义以为上。君子有勇而无义为乱；小人有勇而无义为盗。"子贡曰："君子亦有恶乎？"子曰："有恶：恶称人之恶者，

245

惡居下流而訕上者惡勇
而無禮者惡果敢而窒者
曰賜也亦有惡乎惡徼以
爲知者惡不孫以爲勇者
惡訐以爲直者子曰唯女
子與小人爲難養也近之
則不孫遠之則怨子曰年
四十而見惡焉其終也已
微子第十八　何晏集解

【标点释文】

恶居下流而讪上者，恶勇而无礼者，恶果敢而窒者。"曰："赐也，亦有恶乎？""恶徼以为知者，恶不孙以为勇者，恶讦以为直者。"子曰："唯女子与小人为难养也，近之则不孙，远之则怨。"子曰："年四十而见恶焉，其终也已。"

微子第十八　何晏集解

微子去之箕子爲之奴比
干諫而死孔子曰殷有三
仁焉柳下惠爲士師三黜
人曰子未可以去乎曰直
道而事人焉往而不三黜
枉道而事人何必去父母
之邦齊景公待孔子曰若
季氏則吾不能以季孟之
間待之曰吾老矣不能用

也孔子行齊人歸女樂季
桓子受之三日不朝孔子
行楚狂接輿歌而過孔子
曰鳳兮鳳兮何德之衰也
往者不可諫來者猶可追
已而已而今之從政者殆
而孔子下欲與之言趨而
辟之不得與之言長沮桀
溺耦而耕孔子過之使子

也。"孔子行。齐人归女乐，季桓子受之，三日不朝，孔子行。
楚狂接舆歌而过孔子曰："凤兮！凤兮！何德之衰也？往者不可谏，
来者犹可追。已而，已而！今之从政者殆而！"孔子下，欲与之言，
趋而辟之，不得与之言。长沮、桀溺耦而耕，孔子过之，使子

路問津焉長沮曰夫執輿者爲誰子路曰爲孔丘曰是魯孔丘與曰是也曰是知津矣問於桀溺桀溺曰子爲誰曰爲仲由曰是魯孔丘之徒與對曰然曰滔滔者天下皆是也而誰以易之且而與其從辟人之士也豈若從辟世之士哉

【标点释文】

路问津焉。长沮曰："夫执舆者为谁？"子路曰："为孔丘。"曰："是鲁孔丘与？"曰："是也。"曰："是知津矣。"问于桀溺。桀溺曰："子为谁？"曰："为仲由。"曰："是鲁孔丘之徒与？"对曰："然。"曰："滔滔者，天下皆是也，而谁以易之？且而与其从辟人之士也，岂若从辟世之士哉！"

耰而不輟子路行以告夫
子憮然曰鳥獸不可與同
羣吾非斯人之徒與而誰
與天下有道丘不與易也
子路從而後遇丈人以杖
荷蓧子路問曰子見夫子
乎丈人曰四體不勤五穀
不分孰爲夫子植其杖而
芸子路拱而立止子路宿

【标点释文】

耰而不辍。子路行以告。夫子怃然曰："鸟兽不可与同群，吾非斯人之徒与而谁与？天下有道，丘不与易也。"子路从而后，遇丈人，以杖荷蓧。子路问曰："子见夫子乎？"丈人曰："四体不勤，五谷不分，孰为夫子？"植其杖而芸。子路拱而立。止子路宿，

殺雞爲黍而食之見其二
子焉明日子路行以告子
曰隱者也使子路反見之
至則行矣子路曰不仕無
義長幼之節不可廢也君
臣之義如之何其廢之欲
絜其身而亂大倫君子之
仕也行其義也道之不行
已知之矣逸民伯夷叔齊

【标点释文】

杀鸡为黍而食之，见其二子焉。明日，子路行以告。子曰："隐者
也。"使子路反见之。至，则行矣。子路曰："不仕无义。长幼之节，
不可废也；君臣之义，如之何其废之？欲洁其身，而乱大伦。君子
之仕也，行其义也。道之不行，已知之矣。"逸民：伯夷、叔齐、

虞仲夷逸朱張柳下惠少連子曰不降其志不辱其身伯夷叔齊與謂柳下惠少連降志辱身矣言中倫行中慮其斯而已矣謂虞仲夷逸隱居放言身中清廢中權我則異於是無可無不可大師摯適齊亞飯干適楚三飯繚適蔡四飯

【标点释文】

虞仲、夷逸、朱张、柳下惠、少连。子曰："不降其志，不辱其身，伯夷、叔齐与！"谓"柳下惠、少连，降志辱身矣。言中伦，行中虑，其斯而已矣。"谓"虞仲、夷逸，隐居放言，身中清，废中权。""我则异于是，无可无不可。"大师挚适齐，亚饭干适楚，三饭缭适蔡，四饭

缺適秦鼓方叔入于河播
鼗武入于漢少師陽擊磬
襄入于海周公謂魯公曰
君子不施其親不使大臣
怨乎不以故舊無大故則
不弃也無求備於一人周
有八士伯達伯适仲突仲
忽叔夜叔夏季隨季騧

【标点释文】

缺适秦，鼓方叔入于河，播鼗武入于汉，少师阳、击磬襄，入于海。
周公谓鲁公曰："君子不施其亲，不使大臣怨乎不以。故旧无大故，
则不弃也。无求备于一人。"周有八士：伯达、伯适、仲突、仲忽、
叔夜、叔夏、季随、季騧。

論語卷第十

張子張曰子夏云何對曰

亡子夏之門人問交於子

道不篤焉能爲有焉能爲

巳矣子張曰執德不弘信

思義祭思敬喪思哀其可

子張曰士見危致命見得

子張第十九　何晏集解

【标点释文】

子张第十九　何晏集解

子张曰："士见危致命，见得思义，祭思敬，丧思哀，其可已矣。"

子张曰："执德不弘，信道不笃，焉能为有，焉能为亡。"子夏之门人问交于子张。子张曰："子夏云何？"对曰：

256

子夏曰可者與之其不可
者拒之子張曰異乎吾所
聞君子尊賢而容眾嘉善
而矜不能我之大賢與於
人何所不容我之不賢與
人將拒我如之何其拒人
也子夏曰雖小道必有可
觀者焉致遠恐泥是以君
子不為也子夏曰日知其

【标点释文】

"子夏曰：'可者与之，其不可者拒之。'"子张曰："异乎吾所闻：君子尊贤而容众，嘉善而矜不能。我之大贤与，于人何所不容？我之不贤与，人将拒我，如之何其拒人也？"子夏曰："虽小道，必有可观者焉，致远恐泥，是以君子不为也！"子夏曰："日知其

所亡月無忘其所能可謂
好學也已矣子夏曰博學
而篤志切問而近思仁在
其中矣子夏曰百工居肆
以成其事君子學以致其
道子夏曰小人之過也必
文子夏曰君子有三變望
之儼然即之也溫聽其言
也厲子夏曰君子信而後

【标点释文】

所亡，月无忘其所能，可谓好学也已矣。"子夏曰："博学而笃志，切问而近思，仁在其中矣。"子夏曰："百工居肆以成其事，君子学以致其道。"子夏曰："小人之过也，必文。"子夏曰："君子有三变：望之俨然，即之也温，听其言也厉。"子夏曰："君子信而后

勞其民未信則以為厲己
也信而後諫未信則以為
謗巳也子夏曰大德不踰
閑小德出入可也子游曰
子夏之門人小子當洒埽
應對進退則可矣抑末也
本之則無如之何子夏聞
之曰噫言游過矣君子之
道孰先傳焉孰後倦焉辟

【标点释文】

劳其民；未信，则以为厉己也。信而后谏；未信，则以为谤己也。"

子夏曰："大德不逾闲，小德出入可也。"子游曰："子夏之门人小子，

当洒扫应对进退，则可矣，抑末也。本之则无，如之何？"子夏闻之，

曰："噫！言游过矣！君子之道，孰先传焉？孰后倦焉？譬

諸草木區以別矣君子之
道焉可誣也有始有卒者
其唯聖人乎子夏曰仕而
優則學學而優則仕子游
曰喪致乎哀而止子游曰
吾友張也為難能也然而
未仁曾子曰堂堂乎張也
難與並為仁矣曾子曰吾
聞諸夫子人未有自致者

【标点释文】

诸草木，区以别矣。君子之道，焉可诬也？有始有卒者，其惟圣人乎！"子夏曰："仕而优则学，学而优则仕。"子游曰："丧致乎哀而止。"子游曰："吾友张也，为难能也，然而未仁。"曾子曰："堂堂乎张也，难与并为仁矣。"曾子曰："吾闻诸夫子：人未有自致者

也必親喪乎曾子曰吾
聞諸夫子孟莊子之孝也
其他可能也其不改父之
臣與父之政是難能也孟
氏使陽膚爲士師問於曾
子曾子曰上失其道民散
久矣如得其情則哀矜而
勿喜子貢曰紂之不善不
如是之甚也是以君子惡

【标点释文】

也，必也亲丧乎！"曾子曰："吾闻诸夫子，孟庄子之孝也，其他可能也；其不改父之臣，与父之政，是难能也。"孟氏使阳肤为士师，问于曾子。曾子曰："上失其道，民散久矣。如得其情，则哀矜而勿喜。"子贡曰："纣之不善，不如是之甚也。是以君子恶

居下流天下之惡皆歸焉
子貢曰君子之過也如日月
之食焉過也人皆見之更
也人皆仰之衞公孫朝問
於子貢曰仲尼焉學子貢
曰文武之道未墜於地在
人賢者識其大者不賢者
識其小者莫不有文武之
道焉夫子焉不學而亦何

【标点释文】

居下流，天下之恶皆归焉。"子贡曰："君子之过也，如日月之食焉：过也，人皆见之，更也，人皆仰之。"卫公孙朝问于子贡曰："仲尼焉学？"子贡曰："文武之道，未坠于地，在人。贤者识其大者，不贤者识其小者，莫不有文武之道焉，夫子焉不学，而亦何

常師之有叔孫武叔語大
夫於朝曰子貢賢於仲尼
子服景伯以告子貢子貢
曰譬之宮牆賜之牆也及
肩闚見室家之好夫子之
牆數仞不得其門而入不
見宗廟之美百官之富得
其門者或寡矣夫子之云
不亦宜乎叔孫武叔毀仲

【标点释文】

常师之有？"叔孙武叔语大夫于朝，曰："子贡贤于仲尼。"子服景伯以告子贡。子贡曰："譬之宫墙，赐之墙也及肩，窥见室家之好。夫子之墙数仞，不得其门而入，不见宗庙之美，百官之富。得其门者或寡矣。夫子之云，不亦宜乎！"叔孙武叔毁仲

尼子貢曰無以爲也仲尼
不可毀也他人之賢者丘
陵也猶可踰也仲尼日月
也無得而踰焉人雖欲自
絕其何傷於日月乎多見
其不知量也陳子禽謂子
貢曰子爲恭也仲尼豈賢
於子乎子貢曰君子一言
以爲知一言以爲不知言

【标点释文】

尼。子贡曰："无以为也！仲尼不可毁也。他人之贤者，丘陵也，犹可逾也；仲尼，日月也，无得而逾焉。人虽欲自绝，其何伤于日月乎？多见其不知量也。"陈子禽谓子贡曰："子为恭也，仲尼岂贤于子乎？"子贡曰："君子一言以为知，一言以为不知，言

不可不慎也夫子之不可
及也猶天之不可階而升
也夫子之得邦家者所謂
立之斯立道之斯行綏之
斯來動之斯和其生也榮
其死也哀如之何其可及
也

堯曰第廿　何晏集解

堯曰咨爾舜天之曆數在

不可不慎也！夫子之不可及也，犹天之不可阶而升也。夫子之得邦家者，所谓立之斯立，道之斯行，绥之斯来，动之斯和。其生也荣，其死也哀，如之何其可及也？"

尧曰第二十　何晏集解

尧曰："咨！尔舜！天之历数在

爾躬允執其中四海困窮
天祿永終舜亦以命禹曰
予小子履敢用玄牡敢昭
告于皇皇后帝有罪不敢
赦帝臣不蔽簡在帝心朕
躬有罪無以萬方萬方有
罪罪在朕躬周有大賚善
人是富雖有周親不如仁
人百姓有過在予一人謹

【标点释文】

尔躬，允执其中。四海困穷，天禄永终。"舜亦以命禹。曰："予
小子履，敢用玄牡，敢昭告于皇皇后帝：有罪不敢赦。帝臣不蔽，
简在帝心。朕躬有罪，无以万方；万方有罪，罪在朕躬。"周有大赉，
善人是富。"虽有周亲，不如仁人。百姓有过，在予一人。"谨

權量審法度脩廢官四方
之政行焉興滅國繼絕世
舉逸民天下之民歸心焉
所重民食喪祭寬則得眾
信則民任焉敏則有功
則說子張問於孔子曰何
如斯可以從政矣子曰尊
五美屏四惡斯可以從政
矣子張曰何謂五美子曰

【标点释文】

权量，审法度，修废官，四方之政行焉。兴灭国，继绝世，举逸民，天下之民归心焉。所重：民、食、丧、祭。宽则得众，信则民任焉，敏则有功，公则说。子张问于孔子曰："何如斯可以从政矣？"子曰："尊五美，屏四恶，斯可以从政矣。"子张曰："何谓五美？"子曰：

267

君子惠而不費勞而不怨
欲而不貪泰而不驕威而
不猛子張曰何謂惠而不
費子曰因民之所利而利
之斯不亦惠而不費乎擇
可勞而勞之又誰怨欲仁
而得仁又焉貪君子無眾
寡無小大無敢慢斯不亦
泰而不驕乎君子正其衣

【标点释文】

“君子惠而不费，劳而不怨，欲而不贪，泰而不骄，威而不猛。”
子张曰：“何谓惠而不费？”子曰：“因民之所利而利之，斯不亦
惠而不费乎？择可劳而劳之，又谁怨？欲仁而得仁，又焉贪？君子
无众寡，无小大，无敢慢，斯不亦泰而不骄乎？君子正其衣

268

冠尊其瞻視儼然人望而
畏之斯不亦威而不猛乎
子張曰何謂四惡子曰不
教而殺謂之虐不戒視成
謂之暴慢令致期謂之賊
猶之與人也出內之吝謂
之有司孔子曰不知命無
以為君子也不知禮無以
立也不知言無以知人也

【标点释文】

冠，尊其瞻视，俨然人望而畏之，斯不亦威而不猛乎？"子张曰："何谓四恶？"子曰："不教而杀谓之虐。不戒视成谓之暴。慢令致期谓之贼。犹之与人也，出内之吝，谓之有司。"子曰："不知命，无以为君子也；不知礼，无以立也；不知言，无以知人也。"